Profesionales de la veracidad

Otra memoria del periodismo durante la Unidad Popular (1970-1973)

Antoine Faure

Ediciones Universidad Finis Terrae

Profesionales de la veracidad

Otra memoria del periodismo durante la Unidad Popular (1970-1973)

Antoine Faure

Prólogo de Juan Pablo Arancibia

Facultad de Comunicaciones y Humanidades
Centro de Investigación y Documentación

Registro de Propiedad Intelectual N°280.727
ISBN: 978-956-391-000-1

Ediciones Universidad Finis Terrae
Av. Pedro de Valdivia 1646, Providencia
Teléfono: (56-2) 2420 7416
www.uft.cl

Edición: Santiago Aránguiz Pinto
Diseño: Francisca Monreal
Corrección de texto y estilo: Eduardo Guerrero
Fotografía de portada: Togo Blaise, "Firma del pago por nacionalización del cobre, 1971". Gentileza del Museo Histórico Nacional.

Primera edición: septiembre de 2017
Santiago de Chile
Impreso en Salesianos Impresores S.A.

Índice

Agradecimientos 9

Prólogo 11

Presentación 25

Hernán Miranda Casanova
El nostálgico de la política, el romántico del periodismo 33

Leonardo Cáceres
Por la razón periodística... 57

Gustavo González Rodríguez
La política de las formas, las formas de la política 79

Guillermo Saavedra
El "Búfalo", una épica periodística 85

Ernesto Carmona
La política de la profesión de periodista 101

Epílogo 139

Bibliografía 145

Agradecimientos

Ante todo, quiero agradecer al equipo de Ediciones UFT la posibilidad de publicar este trabajo, y a la Facultad de Comunicaciones y Humanidades el apoyo a mi postulación al Fondo de Publicaciones UFT. La directora del Centro de Información y Documentación (CIDOC), Claudia Darrigrandi, también ha sido fundamental para emprender y llevar este proyecto a cabo.

Agradecer, de manera especial, a la historiadora Carla Rivera (USACH) y a Pablo Andrade (director del Museo Histórico Nacional) por toda la ayuda que me dieron; a Joaquín Ramos, ayudante de CIDOC, y al "equipo de transcriptores": todas las amigas y amigos que prestaron una mano al momento de formalizar el trabajo de recopilación. Sin duda, reconocerán parte de su trabajo en estas páginas.

Al inicio de este periplo, conté con numerosos "informantes" que me orientaron y revelaron dónde buscar y con quién hablar. Algunos están citados aquí. Pero no olvido a todos los otros, académicos y amigos que, generosamente, me dieron un "dato a la pasada" en medio de una siempre empática conversación.

Este trabajo maduró delante de los ojos y detrás de la contención y los consejos de Argelia Villegas Silva. Como siempre.

La otra memoria del periodismo que surge en este texto, es una memoria recogida con solo una grabadora, pero con oídos múltiples, varias manos y, ciertamente, diversos ojos.

Prólogo
Conloquium: la comunidad caída

"Conloquium" significa hacer hablar, provocar un habla, convocar y reunir ciertas voces a su hablar. Así, "conloquium" significa entrevista. Entrevistar, entre-vista, implica hacer hablar para tener en-vista, tener a la vista. De este modo, reunir y convocar unas voces para tener en vistas, es también, escuchar, para hacer ver. Es esta la propuesta de investigación de Antoine Faure, quien invoca ciertas hablas para darnos a la escucha de aquello que adviene, a ponerse en vistas. Esas voces que acuden desde cierta lejanía –del tiempo, de lo extrañado, lo perdido, lo arruinado–, ahora retornan resonando, para re-poner en vistas lo que se habría dado en olvido. Así, estas entre-vistas traen ese olvido, a la memoria.

Habría en la memoria, un olvido que le prefigura, una pérdida, se dice, una borradura, algo indecible e impronunciable, pues en la memoria algo permanece no dicho. De allí que entre memoria y olvido se juegue una sutil pero decisiva crispación, pues la memoria se vuelca compulsiva sobre lo que ella misma no consigue recordar. De allí que el olvido se torne el motivo y acicate que moviliza un deseo informe de volver, de retornar, a lo perdido, enmudecido, donde el lenguaje mismo fracasa y deja por-decir aquello ante lo que ya nada puede. Pues tal como escribe Blanchot: "Hablamos porque corremos el riesgo de olvidar, y todo hablar trabaja activamente contra el olvido, y así no cesa la enigmática relación entre hablar y olvidar"[1].

[1] Maurice Blanchot, *La conversación infinita*, Madrid, Arena Libros, 2008, p. 251.

Aquella condición ruinosa de la memoria craquelada, hecha de letíferos escombros, detritos y fragmentos, concursa –porfiada e insosiega–, en la inquietud por re-cordar lo que se resiste a ser borrado y extinto. De allí que la memoria no sea un mero acto pretérito que anuda y maniata lo interfecto, antes bien, tórnase una iteración intersticial y resistencial de lo occiso e impronunciable que habita como vacío espectral, asolando nuestro presente quietivo y sosiego. Ahí, la memoria inquieta, mas lo hace por su olvido, por aquel inefable espectro que hemos resignado como pérdida y que, sin embargo, indeclinablemente reaparece, ahora, como pulsión vocativa en el lenguaje trémulo de la capilaridad profunda de la piel. Allí, una lítote memorial rezuma el olvido como la exultación de lo espectral.

De este modo, en el "conloquium" nos vienen resonancias de voces extrañadas que acuden a atestiguar lo que resta por-decir. En eso que resta por decir, aparecen espectros insepultos, ahora como falta, como ausencia activa y provocante, esta vez, propiamente pensativa. Así, Faure produce el anudamiento entre memoria y pensamiento, o si se quiere –en términos heideggerianos–, la conmemoración pensativa. Para ello nos pone a la escucha del testimonio de ciertos "testigos". Faure recuerda a Agamben, quien enseña que, en latín, se reservan dos voces, dos expresiones para referirse a testigo. Primero, la voz latina *testis* se refiere a testigo en tanto que un "tercero" que presencia, narra y relata un hecho, un acontecimiento. Esta condición de "tercero" lo excluye de la escena misma que narra, lo sitúa por fuera, y le presta un pretendido estatuto de neutralidad. Así, el testigo en tanto que *testi* es un metalugar narrativo.

La segunda expresión latina para nombrar al testigo es *superstes*, que se refiere ahora a alguien quien ha vivido una determinada realidad, ha tenido una experiencia, ha transitado un acontecimiento desde un principio hasta un final, y de esa experiencia, el testigo es sobreviviente. Aquí la noción de testigo refiere al que ha logrado sobrevivir a una experiencia. No cualquier experiencia, sino aquella que, al menos en la posibilidad, acusaba el riesgo de la muerte. Así los latinos le llaman testigo al que ha cruzado un umbral y luego ha retornado para testimoniar[2].

[2] Giorgio Agamben, *Lo que queda de Auschwitz. El archivo y el testigo. Homo Sacer III*, Valencia, Pre-Textos, 2005, pp. 13-15.

Sin embargo, en el "conloquium" de las voces que aquí testimonian, este libro-testigo nunca se convierte o reduce a una biografía personal, como vivencia individual (*Erlebnis*), sino que concierne al orden de la experiencia (*Erfahrung*), que remite a la historia en común. Este libro-testigo remite entonces a una multiplicidad de voces –colectivas e históricas–, que van delineando el periplo y los meandros agonísticos de un acontecimiento histórico que devendrá en la experiencia de la catástrofe. En ese sentido, este libro-testigo es también un libro-historia, allí donde habitan y susurran múltiples nombres, relatos, recuerdos y procesos, todos ellos delicadamente tejidos e imbricados, en algo que llamamos memoria.

Decir libro-historia no implica decir que es un libro de "Historia", entendido como un libro de lo pretérito, fijo y muerto. Se trata, antes bien, de un libro-historia como precisamente aquello que se entiende como la condición vivificante de un devenir histórico complejo y adversativo, cuya conflictividad y temporalidad irredenta nunca se cierra, mas porfiadamente se re-actualiza. Se trata de una historia viva, historia de sobrevivientes, una historia donde ella misma es la que sobrevive. Así, Faure al provocar estas voces a su hablar histórico, hace del "conloquium" un ejercicio de rememoración pensativa, aquella que acude a un tiempo-otro, que visita y frecuenta un tiempo-inquietante, aquel que augura y presagia el advenir de lo inhóspito y calamitoso, un tiempo narrado como pasado, pero que es *todo el tiempo*, presente. Así, el "conloquium" de Faure deviene un libro-historia, que es también un libro-memoria.

Pero si historia-memoria es ahora la potencia agónica e irreductible que retorna porfiadamente como presente, adviértase que, en griego, la palabra "historia" (*ιστορια*) –nos enseña el profesor Miguel Valderrama leyendo a Heródoto–, proviene de la raíz *histôr* (ιστωρ) que significa testigo ocular, aquel que ha visto la historia. Esto vincula etimológicamente a la figura del *histôr* con la figura latina del *testi* y del *supertes*. De cierto modo, esto reanuda la ambigüedad o duplicidad epistemológica que constituye a la propia "historia"[3]. Sin embargo,

[3] Miguel Valderrama, *Posthistoria. Historiografía y comunidad*, Santiago, Palinodia, 2005, pp. 19-29.

también implica que solo puede ver la historia aquel que ha participado de ella. Solo puede dar testimonio aquel que ha visto la historia, es decir, aquel que "se las ha visto con la historia". Así, el "conloquium" de hacer hablar para tener en-vistas, es también ahora: hacer hablar para tener en-vistas a aquel *histôr* que se las ha visto con la historia. Así, narrar la historia, desde ya presupone que se ha ocupado algún lugar en ella, pero también, que ella ocupa un lugar en nosotros.

Lo que el testigo tiene por ofrecer es precisamente lo que se ha grabado como experiencia, es decir, lo que ha guardado como memoria. Entonces, si memoria no es lo petrificado en lo pretérito, es más bien lo opuesto: lo viviente que retorna. Memoria, en griego se dice "Mnemosyne" (μνημοσινη). ¿Qué es y quién es Mnemosyne? "Mnemosyne", "Memoria", es la madre de las Musas, de las múltiples fuerzas y energías que provienen de la "physis" (φύσις) y que nos pulsan a vivir. De allí que los antiguos representan a las Musas con múltiples artes, pues en ellas se graba el *pathos* extático y el arrobamiento poético esencial de la vida: amor, risa, llanto, pasión, guerra, dolor, ardor, furor y tensión[4]. "Mnemosyne" es la madre de las Musas y sus múltiples relaciones de fuerzas que constituyen y mueven al mundo, pues de la "Memoria" provienen, y en ella se abrigan y desatan las fuerzas que incitan a vivir. Así, "Memoria" se entronca con "recuerdo", en latín, *recordari*, que viene de *cordis*, corazón. Recuerdo, *re-cordis*, re-cordar es lo que se lleva y graba en el corazón, lo que late en el corazón, literalmente, lo que vuelve, retorna y hace latir al corazón. Así, memoria y recuerdo, es lo que nos mantiene con vida, pues –como escribe Blanchot–, "quien muere olvida y quien olvida muere, así olvidar es morir y morir es olvidar. Habría entre olvido y muerte un misterio inescrutable"[5].

La filosofía heideggeriana nos enseña que la "Mnemosyne" griega, al alemán se traduce por *Andenken*, que significa "Memoria", pero más precisamente, conmemoración o rememoración. La conmemoración es traer pensativamente a la presencia, traer al presente lo que se creía pasado[6]. "Memoria" en cuanto rememoración (*Andenken*) en alemán se

[4] Jean-Luc Nancy, *Las musas*, Buenos Aires, Amorrortu Editores, 2008, pp. 11-58.
[5] Blanchot, op. cit., p. 251.
[6] Martin Heidegger, *Aclaraciones a la poesía de Hölderlin*, Madrid, Alianza Editorial, 2009, pp. 87-101.

dice también *Gedächtnis*, que se vincula etimológicamente con "gratitud" (*Dank*) y con "pensar" (*denken*). En alemán antiguo –explica Heidegger–, la palabra *Gedanc* significaba "el recordar congregado, que al recordar, congrega". Luego, la palabra devino al alemán moderno como *Gedanc*, que ahora significa pensamiento[7]. Así, pensar es dar gracias, en cuanto rememorar es la gratitud ante aquello que da a pensar, agradecer a lo que más exige ser pensado. La conmemoración pensativa rinde en "lo pensado" su gratitud a "lo pasado". "Lo pasado" es allí, lo que nunca, en nosotros, deja de suceder. Se trata entonces de una memoria viva, que en cuanto conmemora en gratitud, piensa y da gracias[8].

Por ello, esta memoria a la que nos devuelve el "conloquium" de Faure, no es un "diario de vida", tampoco una retahíla de anécdotas individuales o biografías aisladas, sino que sus biografías –escrituras de vida, que son también vidas escritas–, son las escrituras hechas con vida y sobre la vida, en-común. La conmemoración que nos trae el libro de Faure, es la memoria viva como memoria histórica, es la memoria colectiva de un pueblo o una comunidad que rememora. No es el individuo, a solas, quien re-memora, sino que su rememoración se suscita en lo-común, y con ello, suscita lo-en-común. Quienes aquí conmemoran a los suyos, en su rememorar, invocan múltiples nombres, rostros, voces, gestos y gestas, de los que ya no están y, sin embargo, *in memoriam*, continúan aquí.

Esta, la que aquí comparece, no es una memoria institucional. Sabido es que la historia oficial se empeña en ritualizar y legitimar sus crímenes, colonizando y fosilizando la memoria. La historia oficial confina la memoria en un museo, la dociliza y desinfecta de conflicto, la estetiza y escenifica espectacular. En esa historia-memoria-oficial, nunca queda grabada otra cosa que no sea el triunfo aplastante de los vencedores, pues antes que promover el olvido, la memoria-historia oficial solo celebra y monumentaliza su cruenta victoria. Este parece ser el sentido de las palabras de Nietzsche, al afirmar que tal vez no haya, en la entera prehistoria del hombre, nada más terrible y siniestro que su mnemotécnica, pues "para que algo permanezca en la memoria se lo

[7] Martin Heidegger, *¿Qué significa pensar?*, Madrid, Editorial Trotta, 2005, pp. 128-131.
[8] Martin Heidegger, *Serenidad*, Barcelona, Ediciones del Serbal, 2002, pp. 15-17.

debe grabar a fuego; por ello solo lo que no cesa de doler, permanece en la memoria". De allí que, cuando el hombre consideró necesario hacerse una memoria –escribe Nietzsche–, tal cosa no se realizó jamás sin sangre, martirios, sacrificios y empeños más espantosos, las mutilaciones más repugnantes, las más crueles formas rituales de todos los cultos religiosos, "todo esto tiene su origen en aquel instinto que supo adivinar en el dolor el más poderoso medio auxiliar de la mnmónica"[9].

Bajo el dispositivo mnemotécnico de oficialización de la historia y la memoria, la comunidad es, ahora, pacificada. Todo ello opera como una conjuración, pues, en el rito de pacificación, se activa una tecnología mnemónica, una economía política de la memoria destinada a restaurar y legitimar el orden. Si la historia oficial pacifica y anestesia, lo hace para conjurar el peligro del espectro que retorna y acecha incesantemente al orden. La historia oficial es portadora y promotora de la comunidad pacificada y unificada, bajo el imperativo de orden vencedor, una vez más, restaurado. Sin embargo, y a pesar de todos sus empeños por higienizar la historia de conflicto, este reaparece porfiadamente, una y otra vez, como la amenaza espectral que le asedia, pues –como escribe Blanchot–, el dolor desune, mas no de una manera visible –por medio de una dislocación o de una disyunción–, desune de una manera silenciosa, acallando el ruido que portan las palabras. Sin embargo, "el dolor perpetuo, perdido, olvidado –como la contrariedad eterna del día y la noche–, deja a aquel espectro que ya no mira, condenado al retorno, y que ya no partirá jamás"[10].

Así, pues, ¿qué memoria ha querido tener en-vistas este "conloquium"? Faure ha dicho: "una memoria otra". Precisamente, eso "otro" de la memoria, conmina una memoria prohibida, una memoria de lo proscrito, de lo ilícito, de lo acallado. Esta memoria habla de una palabra obliterada, de un lenguaje sangrientamente silenciado, todavía sujetado, amordazado, silente. Jean Genet ha escrito que las más bellas historias son las historias proscritas, sepultadas, censuradas, las historias abolidas, perseguidas, aquellas historias que solo se han de contar en voz baja. Hablar así la historia –dice Genet– es hablar en susurro, en sigilo, es el

[9] Friedrich Nietzsche, *Genealogía de la moral*, Madrid, Alianza Editorial, 2001, pp. 79-80.
[10] Maurice Blanchot, *La escritura del desastre*, Madrid, Editorial Trotta, 2015, p. 126.

hablar en secreto, un hablar prohibido, que queriendo aun hablar, no quiere ser escuchado –al menos no por todo el mundo–; es un habla que se destina al cómplice, al compañero, un habla que cuando habla requiere burlar la vigilancia[11]. Este es el habla de los perseguidos, es el habla de los prisioneros, es el habla prohibida de los oprimidos que traman su liberación. Esta es la palabra altiva y soberana que desafía con belleza todo cuanto la oprime, de allí que Bataille se pliegue a Genet afirmando que "La belleza que provoca un canto es la infracción de la ley, la infracción de la prohibición, que es también la esencia de la soberanía. La soberanía es el poder de elevarse, en la indiferencia ante la muerte, por encima de las leyes que aseguran el mantenimiento de la vida"[12]. Se trata entonces de una palabra litigante y polémica, en cuyo hablar adviene una memoria adversativa que toma posición, pues como afirma Benjamin, articular históricamente lo pasado no significa conocerlo "tal como ocurrió". Antes bien, significa apoderarse de un recuerdo tal como fulgura en el instante de un peligro, uno que amenaza tanto al acervo de la tradición como a sus receptores. "Pues el peligro mayor ahí –escribe Benjamin–, es uno y el mismo: convertirse en instrumento de la clase dominante. En cada época hay que intentar sustraer a la tradición del conformismo y, de ese modo, superarla"[13]. De esta manera, la historia-memoria que nos trae Faure, es una historia de disidencia y desacato, de una discordia, aquella que marca el retorno de la irredenta condición agonística de la comunidad política.

Esta condición irremediablemente agonal de la comunidad, es lo que Valderrama ha tenido en llamar: lo "intratable". Allí la historia se empeña en la urgencia de suprimir o sofocar la violencia belicosa y desgarradora que lo constituye. Este acontecimiento que Jean-Pierre Vernant y Pierre Vidal-Naquet comprenden como advenimiento trágico, señala el encadenamiento de acciones que conduce inevitablemente a la catástrofe[14]. Esta impresión –escribe Valderrama– hace de la escritura de la historia un tipo de maquinación trágica que se esfuerza

[11] Jean Genet, *Milagro de la rosa*, Madrid, Debate, 1994.
[12] Georges Bataille, *La literatura y el mal*, París, Gallimard, 1957, p. 212.
[13] Walter Benjamin, *Estética y política*, Buenos Aires, Las Cuarenta, 2009, p. 142.
[14] Jean-Pierre Vernant y Pierre Vidal-Naquet, *Mito y tragedia en la Grecia Antigua*, Barcelona, Paidós, 2002, pp. 80-85.

desmesuradamente en conjurar la desmesura que su misma actividad expone. Desmesura que habla en todas partes de lo intratable, y que la historia intenta neutralizar a través de la antipolítica de la representación. De una política que es una antipolítica, por cierto, y que pone en peligro los interdictos constitutivos de la comunidad, aquellos que la sostienen en lo que se podría llamar su fraternización[15].

> Pues, si en su traza más distintiva la historia se caracteriza por representar lo intratable en el seno de la comunidad, esta representación solo es posible a condición de suspender la catástrofe que la propia escenificación de lo intratable necesariamente avista. (...) La ciudad prohíbe al poeta trágico renovar la memoria de los males que le son propios. Todo está dicho, protesta Nicole Loraux: "la política es hacer como si nada hubiera ocurrido. Como si nada se hubiera producido. Ni el conflicto, ni el asesinato, ni el resentimiento ni el rencor. Máquina antitrágica, la política no quiere saber del no-olvido. Máquina antipolítica, la tragedia busca pese a todo representarlo. Ambas maquinaciones de lo uno y lo otro, no hacen sino reforzar el olvido del no-olvido"[16].

De allí que lo intratable de la historia se vuelva su desastre impronunciable en cuanto escenifica su condición calamitosa, tornando su propia escritura-memoria en un lenguaje afásico que al mismo tiempo que pulsa su fraseo, lo silencia. Si se pronuncia el desastre –escribe Blanchot–, sentimos que ya no es una palabra, ni un nombre, y que en general no hay nombre para ello, sino siempre toda una frase embarrullada o simple en la que lo infinito del lenguaje, en su historia no acabada, en su sistema no cerrado, trata de que se haga cargo de él un proceso de verbos, pero, al mismo tiempo, en la tensión nunca apaciguada entre el nombre y el verbo, trata de caer una interrupción fuera de lenguaje sin dejar, no obstante, de pertenecerle. Así, "el desastre" es lo que queda por decir cuando se ha dicho todo, el desastre marca la ruina del habla, el desfallecimiento de la escritura, un rumor que murmura, lo que resta sin resto; siempre por venir y, sin embargo, al mismo tiempo, pasado[17].

Es ante la experiencia del desastre que adviene la imposibilidad de la memoria, pues ella misma ha quedado en ruinas, pues en lo arruinado,

---

[15] Miguel Valderrama, *Heródoto y lo insepulto*, Santiago, Palinodia, 2006, pp. 117-122.
[16] Op. cit., pp. 122-126.
[17] Blanchot, *Escritura del desastre*, p. 70.

yace lo "irreparable", aquello que señala el fracaso de la historia ante lo intratable, modulando su elisión con un "olvido inmóvil", aquello que Blanchot llama la "memoria de lo inmemorable": pues solo así se des-cribe el desastre sin desolación, en la pasividad de un abandono que no renuncia, no anuncia, sino su impropio retorno[18]. De allí que para intentar pronunciar el desastre, lo intratable, lo irreparable –escribe Blanchot–, "habría pues que volverse hacia una lengua jamás escrita, pero siempre por prescribir, para que esa palabra incomprensible sea entendida en su desastrosa pesadez e invitándonos a volvernos hacia el desastre sin comprenderlo ni soportarlo"[19].

Así, pues, ante la catástrofe, se curva y co-implica la relación de remisión entre la ruina de la memoria y su pulsión de olvido. En la escansión entre memoria y olvido, adviene la irrevocable exigencia del no-olvido o, si se quiere, la rememoración pensativa. Heidegger lo designa como el "valiente olvido". ¿Y qué es eso? Por lo general, afirma Heidegger, lo conocemos bajo la forma de un "no-pensar-más-en-ello", que no es sino una manera de provocar el "pensar en", como provocar la memoria que piensa (*Andenken*)[20]. Entonces, resulta lícito preguntar por aquella relación consustancial y remisional, que al mismo tiempo escande y elide, el hilvanado entre memoria, olvido y pensamiento. ¿No es esta relación equívoca, inconclusa, fallida y fatal, pero sin embargo, inevitable, por la que se pregunta Loraux? ¿No es esta la pregunta crucial por la politicidad de la memoria y del olvido, es decir, aquella pregunta a la que está conminada la propia comunidad para tornarse así, ella misma posible? Trátase de la pregunta iterada –una y otra vez–, por la experiencia común de la política, o sea, aquella que pregunta por la posibilidad misma de la política, que no es otra cosa que preguntar si la comunidad es posible. Precisamente Loraux cursa y remonta esta pregunta, pensando en los orígenes de la política, allí donde, tras la guerra civil de Atenas, en el año 403 a. C., el olvido fue la decisión ateniense para restablecer la unidad de la comunidad política. De modo que Atenas hizo jurar a los ciudadanos que no recordarían los males ni las desgracias sufridas en el pasado, que nadie volvería a desenterrar

[18] Op. cit., p. 11.
[19] Op. cit., p. 29.
[20] Heidegger, *Aclaración a la poesía de Hölderlin*, p. 103.

las desdichas, ni recordaría a los muertos ni las violencias padecidas. Entonces, tras la guerra, los vencedores se aliaron con sus antiguos adversarios, comprometiéndose y solemnemente juramentando "no recordar las desgracias" del pasado[21].

Si la comunidad política está ineluctablemente constituida por el principio "trágico-político" de lo agonístico, no puede ella dejar de estar irrevocablemente ceñida por la imbricación provocativa entre memoria y olvido, de suerte que –escribe Blanchot– el olvido es la vigilancia misma de la memoria, la potencia guardiana gracias a la cual se preserva lo oculto de las cosas y gracias a la cual "tanto los hombres mortales como los dioses inmortales, preservados en lo que son, reposan en lo oculto de sí mismos" (...) "De modo que, olvidar es contener en su secreto la fuerza mediadora, puesto que lo que así se borra de nosotros debe regresar a nosotros, enriquecido por esa pérdida e incrementado por esta falta"[22]. Es en ese hiato constitutivo entre memoria y olvido que emerge fulgurante la sombría y amenazante potencia de lo espectral. El espectro allí venido a la memoria –y venido como memoria–, habla la lengua del "duelo". Pues, en el panegírico poético del duelo –escribe Valderrama–, "el Poema del duelo, la Odisea contaría la historia de un duelo inolvidable, la pena de una ausencia para la cual no existe olvido posible"[23]. Agrega Valderrama: "En el canto del aedo se está en presencia de un pasado que no es pasado... para que el pasado se incorpore al presente, se precisa la materialidad de la lágrima. Las lágrimas que ruedan por las mejillas de Ulises al escuchar el canto de sus propias acciones son lágrimas de duelo"[24].

En ese trabajo del duelo, siempre en marcha, en esa tarea interminable sobre una deuda infinita –escribe Derrida–, "el fantasma sigue siendo lo que más da que pensar". Pues, lo propio del espectro, si lo hay, es que no se sabe si, re-apareciendo, da testimonio de un ser vivo pasado o de un ser vivo futuro, pues "el re-aparecido ya puede marcar el retorno del espectro de un ser vivo prometido"[25]. Pero este es precisamente uno de los misterios del "pensar rememorante": que dirige su pensamiento hacia

[21] Nicole Loraux, *La ciudad dividida*, Madrid, Editorial Katz, 2008, p. 11.
[22] Blanchot, *La conversación infinita*, pp. 400-401.
[23] Miguel Valderrama, *Coloquio sobre Gramsci*, Santiago, Palinodia, 2016, p. 17.
[24] Op. cit., pp. 19-20.
[25] Jacques Derrida, *Espectros de Marx*, Madrid, Editorial Trotta, 2003, p. 115.

lo que ya ha sido, pero de tal manera que eso mismo que ya "ha sido", en el propio movimiento de pensar hacia él, se curve y tome la dirección contraria y se vuelva hacia aquel que lo piensa. Si el pensar en lo "ya sido" –escribe Heidegger–, le deja a este su ser y no estorba su dominio por culpa de querer contarlo de modo precipitado en algún tipo de presente, "experimentaremos que lo 'ya sido', gracias a su movimiento de retorno en la 'memoria', sale por encima y más allá de nuestro presente y viene a nosotros como algo futuro. De pronto, la 'memoria' tiene que pensar lo 'ya sido' como algo que todavía no se ha desplegado"[26].

De allí que Bataille afirme que "el pasado, muerto en apariencia, está aún más vivo que la apariencia actual"[27]. Pues –como escribe Derrida–, "el cadáver quizá no esté tan muerto, tan simplemente muerto como la conjuración trata de hacernos creer. El desaparecido aparece siempre ahí, y su aparición dista de no ser nada. Dista de no hacer nada. Suponiendo que los restos mortales sean identificables, hoy se sabe mejor que nunca que un muerto debe poder trabajar". El trabajo espectral, explica Derrida, consiste en hacer que se trabaje, quizá más que nunca, pues ello obedece a un modo de producción del fantasma que, a su vez, es un modo de producción fantasmático. "Como en el trabajo del duelo, después de un trauma, la conjuración debería asegurarse de que el muerto no volverá". Sin embargo, Derrida acusa la paradoja que existe en querer conjurar el espectro, pues querer decir: "no fue más que un fantasma", implica que no pueden sino denegarlo, denegar lo innegable mismo, dado que: "un fantasma no muere jamás, siempre está por aparecer y por re-aparecer"[28].

En aquella irreductible porfía espectral que retorna, pregunta Valderrama: "¿Qué sucedería si el no-olvido nombrara la amenazante memoria que guarda lo irreconciliable, la mudez testimonial de los nombres-insepultos que claman: no habrá duelo?"[29]. El propio Valderrama responde: "Las figuras de la desaparición vuelven sobre el presente, vuelven para señalar su caída"[30]. Pero esta caída nunca es unilateral, sino toda ella radicalmente relacional, pues lo caído allí es lo-común. ¿Caído a qué? Precisamente a ese riesgo y amenaza primordial

[26] Heidegger, *Aclaración a la poesía de Hölderlin*, pp. 110-111.
[27] Bataille, op. cit., p. 211.
[28] Derrida, op. cit., pp. 113-115.
[29] Valderrama, *Posthistoria. Historiografía y comunidad*, p. 130.
[30] Valderrama, *Coloquio sobre Gramsci*, p. 32.

que constituye a la propia comunidad. Aquello que la representación busca incesantemente apaciguar, pero ineluctablemente retorna indócil con potencia y bravura irrefrenable: el "agonismo trágico" que asedia a la ciudad, a lo común, y cuya máxima expresión es la "stasis", o guerra interna de la propia comunidad, cuya fatalidad la transforma de modo irrevocable, irreparable[31].

Ese parece ser el carácter de las palabras de Vidal-Naquet cuando afirma que el conflicto trágico amenaza a la ciudad, pues "la tragedia es, en cierto sentido, lo contrario de la comunidad cívica. La tragedia es una crisis, negativa o positiva, tras la cual ninguno de los héroes es semejante a sí mismo"[32]. Pues en ese retorno espectral amenazante se desata un doble juego, aquel que Louis Garnet identifica en la ambivalencia del *alástor, miástor, alitériros*, que se refieren tanto al fantasma de aquel que, habiendo muerto en forma violenta, persigue vengativo a su asesino, como al criminal que es objeto de esa persecución. Así, una misma potencia –escribe Vernant–, demoníaca y aterradora, engloba a los dos y sujeta uno al otro. "El muerto, trastornado, agitado, aterrado, no puede descansar en paz y por eso 'vuelve' para trastornar, agitar y aterrar al espíritu de su perseguido, que a su vez se vuelve ese delirio, esa rabia, ese pavor del cual es tanto causa como víctima"[33].

Es en ese arrobamiento agonal de la fuerza que asola a la ciudad, que adviene la temible caída a la embriaguez aterradora de la fuerza, la caída ante un poderío informe capaz de hacer sucumbir a los hombres, pues la fuerza –escribe Simone Weil– es lo que hace una cosa de cualquiera que le esté sometido. "Cuando se ejerce hasta el extremo, hace del hombre una cosa en el sentido más literal, pues hace de él un cadáver. Había alguien, y, un instante más tarde, no hay nadie"[34]. Ante esta embriaguez aniquilante de la fuerza, portadora y promotora de la capacidad de exterminio, nadie queda a salvo, pues la misma figura del *álastor* sintetiza la caída ejecutora de la comunidad ante sí misma. Así, la embriaguez –escribe Nancy– lleva consigo el legado del

[31] Nicole Loraux, *La guerra civil en Atenas*, Madrid, Akal, 2008, pp. 51-81.
[32] Pierre Vidal-Naquet, *El espejo roto. Tragedia y política en Atenas en la Grecia Antigua*, Madrid, Abada Editores, 2004, p. 73.
[33] Jean-Pierre Vernant, *La muerte en los ojos. Figuras del Otro en la Antigua Grecia*, Barcelona, Gedisa, 2001, p. 84.
[34] Simone Weil, *La fuente griega*, Madrid, Trotta, 2005, p. 15.

sacrificio: la comunicación con lo "sacrum" por medio de lo fluido y su derramamiento, la excepción, el exceso, el afuera, lo vedado, lo divino. "La embriaguez vendría a ser, en definitiva, el triunfo de un sacrificio cuya víctima sería el propio sacrificador"[35].

De allí que, en cuanto comunidad caída, ante el advenimiento de la potencia memorial del espectro que retorna impasible, escribe Derrida, "Nos sentimos observados, a veces vigilados, por él, incluso antes de cualquier aparición. Sobre todo, porque el espectro es acontecimiento, nos ve durante una visita. Nos hace visitas. Visita tras visita, puesto que vuelve a vernos". Explica Derrida que visita proviene del latín "visitare", que es el frecuentativo de "visere", que es ver, examinar, contemplar. De allí que el asedio de lo espectral ocurra como la recurrencia de una visitación, que es la aparición y re-aparición, como la venida que no nos olvida, y que en ello, tampoco nos deja olvidar. Esta visitación de lo in-hóspito, nunca es una afuera exterior o ajeno de la comunidad, sino que ahora se hospeda inquietante en nuestra más profunda intimidad. De allí que el retorno memorial de lo espectral "pueda significar la inspección severa o el violento allanamiento a la morada"[36]. En esa condición inhóspita y ominosa de la comunidad que rememora su caída en su no-olvido, precisamente se tensa aquella disyunción del tiempo entre pasado, presente y futuro, pues desde los escombros del tiempo arruinado nos visita "el ángel de la historia" trayéndonos el pensar rememorante, donde aquello que se creía "cuanto más pasado", ahora, cuanto más intenso re-torna, recordándonos que en su interior moramos, pues aquello está siempre por-venir.

> Hay un cuadro de Klee llamado *Angelus Novus*. En él se representa a un ángel que pareciera estar a punto de alejarse de algo que lo aterroriza. Sus ojos y su boca están abiertos de forma exagerada y sus alas, extendidas. Este debe ser el aspecto del ángel de la historia. Es el ángel que ha vuelto el rostro hacia el pasado. Donde a nosotros se nos aparece una cadena de acontecimientos, él ve una única catástrofe que constantemente amontona ruinas sobre ruinas, arrojándolas a sus pies. Este ángel querría detenerse, despertar a los muertos y reunir lo destrozado. Pero desde el Paraíso sopla un huracán que, como se envuelve en sus alas, no le dejará plegarlas otra

[35] Jean-Luc Nancy, *Embriaguez*, Buenos Aires, Ediciones La Cebra, 2014, p. 20.
[36] Derrida, op. cit., p. 117.

> vez. Esta tempestad arrastra al ángel irresistiblemente hacia el futuro, que le da la espalda, mientras el cúmulo de ruinas crece ante él de la tierra hasta el cielo. Ese huracán es lo que nosotros llamamos progreso[37].

En esa disyunción del tiempo-catástrofe, la historia parece retornar, cual si fuera siempre, por primera vez. Faure, en su "conloquium", ha curvado el tiempo, una vez más, para poner en-vistas, un hablar pretendidamente pretérito, pero que ahora es también un visitar, que nos visita, como presente. Entonces, Faure ha conseguido un testimonio, es decir, ha hecho hablar a sobrevivientes. Sabemos que no es exageración decir que todos ellos –por lo que pensaron e hicieron–, ciertamente pudieron ser asesinados. Como muchos otros, sufrieron exilio y represión. La memoria-historia que habla en este "conloquium", no ha sido otra que una conmemoración pensativa, allí donde rememorar y pensar se con-funden, allí donde re-cordar es *volver a vivir* lo vivido. En este "conloquium" se ha suscitado un pensar que rememora, pero que también es gratitud a lo que da que pensar. Por esa gratitud pensativa, es que damos gracias a Antoine Faure por su trabajo, por hacerles hablar desde la lejanía de un tiempo en ruinas. Pero también, muy especialmente, damos gracias a Hernán Miranda, Leonardo Cáceres, Gustavo González, Guillermo Saavedra y Ernesto Carmona, por lo que con su lenguaje libertario escribieron sobre la historia, sobre sus vidas, pero también sobre las nuestras. Estos testigos protagonistas de su historia enfrentaron el riesgo de la muerte por atreverse a pronunciar una lengua que expande y libera los horizontes de nuestra sociedad. El testimonio de estos sobrevivientes de la palabra soberana, da cuenta de que ellos han quedado con vida, pero junto a ellos, sobrevive porfiadamente también, el lenguaje y el pensamiento de la libertad.

Juan Pablo Arancibia Carrizo
Doctor en Filosofía Política
Universidad de Chile

[37] Benjamin, op. cit., p. 146.

Presentación
Memoria, nostalgia e historia oral

> La grabadora registra las palabras, graba las entonaciones.
> Las pausas. El llanto y el asombro.
> Me doy cuenta de que cuando una persona habla surge algo más grande, algo que supera lo que a continuación aparecerá sobre el papel.
> Me da pena no poder "grabar" los ojos, las manos.
> Viven su propia vida durante la conversación.
> Una vida separada.
> Tienen su propio "discurso".
> Svetlana Alexiévich, *La guerra no tiene rostro de mujer*

El 2 de marzo del 2017, Paula Molina, periodista del programa de *Radio Cooperativa* "La historia es nuestra", entrevistaba a Sebastián Hurtado, profesor de la Universidad de Los Lagos, sobre el tratamiento dado por la prensa estadounidense a la política chilena durante los gobiernos de Eduardo Frei Montalva y de Salvador Allende. En el curso de la entrevista, la periodista chilena insiste sobre la poca cantidad de trabajos que existen sobre el caso, en contraste con la cantidad de análisis de la prensa chilena durante esos nueve años. Y rápidamente, sentencia: los diarios y los periodistas actuaron según la lógica de una prensa de trinchera. Sus palabras exactas son: "En general, hemos debatido, quizás no con suficiente fuerza pero se ha debatido en el país el rol que tuvo la prensa en Chile, ¿no? Que es un rol, una prensa de trinchera, digamos cada uno toma posiciones, en fin…"[38]. Sin detenerse sobre el caso (que no es el objeto mismo de la entrevista radiofónica), esas palabras zanjan la historia. Y la locución adverbial "en fin" muestra cómo la sentencia ya no se discute.

Ese sentido común tiene una larga historia, que consiste en hacer de los periodistas chilenos los contribuidores no directamente del golpe de Estado del 11 de septiembre de 1973, pero sí del desorden que lo engendró, es decir, de la fabricación de las condiciones de intervención militar[39]. Es un relato potente, como lo muestra su impacto sobre los mismos profesionales del periodismo, del que se apropiaron en sus testimonios escritos, ya sean libros[40], artículos[41] o blogs[42]. Las narrativas cambian, pero el argumento se repite. Su formulación se dio por ejemplo en 1985, en el prólogo del libro de Patricio Dooner sobre la prensa durante la Unidad Popular. Abraham Santibáñez, emérito profesor en Ética Periodística, de Periodismo Interpretativo y Premio Nacional de Periodismo, enunciaba el *mea culpa*: "En la polarización que sirvió para justificar el golpe militar de septiembre de 1973, la prensa y los periodistas jugamos un papel del que no podemos desentendernos. No fuimos los que desencadenamos las pasiones, pero sí contribuimos a hacerlas incontrolables"[43]. Bien se ve en esta cita cómo el relato se constituye en memoria: pone en juego una identidad, un *nosotros* que selecciona y enmarca los eventos históricos, distribuye los roles y las culpabilidades, y enjuicia el pasado. La profesión, como grupo social propone, en este sentido, una representación compartida

---

[38] "La historia es nuestra", *Radio Cooperativa*, 2 de marzo del 2017, 7'05–7'21 (9'54). Disponible en: http://www.cooperativa.cl/noticias/pais/gobierno/la-historia-es-nuestra-la-cia-y-la-prensa-de-estados-unidos-ante-el/2017-03-02/182411.html (consultado el 3 de marzo del 2017).

[39] Patricio Bernedo y William Porath W., "A tres décadas del golpe: ¿Cómo contribuyó la prensa al quiebre de la democracia chilena?", *Cuadernos de información*, N°16, 2004, pp. 114-124; Patricio Dooner, *Periodismo y política. La prensa de izquierda en Chile, 1970-1973*, ICHEH, Santiago de Chile, 1989; Eugenio Tironi y Guillermo Sunkel, "Modernización de las comunicaciones y democratización de la política. Los medios en la transición a la democracia en Chile", *Estudios Públicos*, N°52, primavera de 1993, pp. 215-246.

[40] Lidia Baltra, *La prensa chilena encrucijada*, Santiago de Chile, LOM, CYP/CH, 2012.

[41] Juan Pablo Cárdenas, "Periodistas, conflictos sociales y reconciliación", *Comunicación y Medios*, N°16, 2005, pp. 112-117. Disponible en: http://www.revistas.uchile.cl/index.php/RCM/article/viewFile/11567/11925

[42] Arturo Navarro Ceardi, "La prensa chilena en término de cólera", 5 de noviembre 2013. Disponible en: http://arturo-navarro.blogspot.fr/2013/11/la-prensa-chilena-en-tiempos-de-colera.htm

[43] Abraham Santibáñez, "Presentación" en Dooner, op. cit., p. 13.

de su pasado reciente, un recuerdo de la experiencia periodística durante una crisis política.

La evolución histórica de este relato muestra que la memoria que proponen los periodistas que ejercieron su oficio entre 1970 y 1973 se convirtió en la necesidad de un imperativo *perdón*. A través del acto de reconocimiento de una contribución culposa, piden perdón a la sociedad chilena actual por su comportamiento pasado. En el resbale de este gesto (desde el acto de memoria hacia la petición de perdón), la manera de testimoniar sobre el pasado reciente sufrió una transformación. Siguiendo la distinción etimológica de Giorgio Agamben, los periodistas chilenos pasaron de ser *supertestes*, "quien vivió algo, atravesó un evento de par en par y puede entonces testimoniarlo", a convertirse en *testes*, es decir "quien se establece como tercio entre dos partes (*terstsis)*, en un juicio o un litigio"[44].

El relato no se opera necesariamente bajo la forma del *mea culpa*, como lo dejé entender hasta ahora. También se ejerce en la nostalgia del período, mitificado bajo los rasgos de una "edad de oro" política donde la población chilena hacía muestra de conciencia. Una época de proyección antes de un tiempo sin mañana, que enfrenta la amnesia de la dictadura y el claroscuro de una transición democrática negociada, y enmarcada entre el orden dictatorial y la lógica neoliberal de gobierno. Dicho de otro modo, el relato unívoco toma la forma de dos registros memoriales, todavía impregnados del conflicto político de la época: el recuerdo idealizado y el riesgo de la catástrofe, sintetizándose esas dos raíces en la problemática actual del *perdón*.

El período parece ya pensado, sin necesitar más preguntas, dado que la idea de Unidad Popular ya tiene una larga historia[45]. Por lo mismo, nació una duda terrible para el investigador extranjero que venía precisamente a analizar el periodismo durante el gobierno de Allende. ¿Cómo se podría interrogar la actividad periodística si el mismo período de estudio está saturado de sentido? Esta sensación se

[44] Giorgio Agamben, *Ce qu'il reste d'Auschwitz*, Paris, Editions Payot & Rivages, 2003, p. 17.

[45] Sobre el trabajo de interpretación del día 11 de septiembre y las voces que se oponen a través de monumentos y conmemoraciones, ver Alfredo Joignant, *Un día distinto. Memorias festivas y batallas conmemorativas en torno al 11 de septiembre en Chile: 1974-2006*, Santiago de Chile, Editorial Universitaria, 2007.

desarrollaba más aún, frente a la aversión de la sociedad chilena por los conflictos memoriales, a la institucionalización de una memoria oficial a través de distintos dispositivos (principalmente los informes Rettig y Valech, como el Museo de la Memoria y de los Derechos Humanos) o, para tocar experiencias cotidianas, a las conversaciones imprevistas.

No sabía cómo confrontarme a este bloqueo del imaginario, y pasar más allá del imperativo del *perdón*. No sabía cómo sobrepasar una mirada histórica filtrada por el golpe de Estado, que hace que "todo solo podía pasar como efectivamente pasó, olvidando así las incertidumbres y las contingencias propias del período, incluso los posibles no ocurridos"[46]. No sabía cómo solicitar los olvidos conscientes, los silencios sectoriales y las amnesias colectivas.

La respuesta no fue teórica. Lo intenté pero tengo que admitir que no encontré en los escritos historiográficos aquello que se despertó al tratar archivos de prensa de la época y a realizar entrevistas con periodistas. Descubrí *otras* huellas del trabajo periodístico y *otras* capas de cultura periodística. Por una parte, veía una radicalización de los textos de opinión, editoriales, columnas, caricaturas y entrevistas. Pero observaba también páginas interiores más bien tradicionales para la época, es decir, construidas según una lógica de distribución de la importancia periodística a través de signos externos (pauta, secciones, espacio, tamaño, tipografía, fotografía). Y leía notas en las que el uso de la técnica de la pirámide invertida, era muestra de ordenamiento y de eficiencia. Por otra parte, escuchaba relatos sobre la polarización, pero con un poco más de tiempo de entrevista, también registraba los testimonios de una solidaridad; de valores y normas compartidas; del papel de instancias asociativas y figuras fundadoras de una comunidad profesional, que se revelan a través de una memoria colectiva entre los recuerdos y las anécdotas.

Es esa memoria, la memoria de los *profesionales de la veracidad*, que este libro quiere presentar a través de la publicación de cinco entrevistas

[46] Robert Chaouad, "1973-2013. Les résonnances du temps", *Revue internationale et stratégique*, N°91, vol. 3, IRIS, Paris, 2013, p. 68. Philippe Gottraux concuerda: "no es porque la historia zanjó de hecho entre varios posibles [...], que eran ineluctablemente inscritos al inicio de la estructura objetiva de las posiciones, o en la conciencia y la voluntad". Ver Philippe Gottraux, "Socialisme ou Barbarie. Un itinéraire saisi par l'histoire et la sociologie", en Yves Déloye y Bernard Voutat, *Faire de la science politique*, París, Belin, 2002.

extraídas de la investigación doctoral mencionada hasta ahora. A lo largo de los testimonios, *otros* rasgos salieron, *otras* escenas fueron recordadas, *otras* relaciones aparecieron. Se cambia la luz sobre la cuestión del periodismo bajo la Unidad Popular, y hace de la memoria hegemónica presentada en adelante un problema. Es cierto, los testimonios empiezan generalmente por la polarización política del país y la constitución de medios de comunicación orgánicos, y a veces se siente hasta una astucia memorial que consiste en mostrar cómo tal diario en el que tal periodista trabajaba tuvo más impacto o cómo la adhesión política era consecuente. O cómo las tensiones internas reproducían los clivajes ideológicos internos de la izquierda chilena.

Pero, en la profundidad de sus recuerdos, los periodistas construyen una memoria colectiva, que se desarrolla en ciertos puntos de anclaje prácticos (las rutinas que implementan), culturales (el profesionalismo que afirman) y también políticas (la posición política que ocupan individualmente en el conflicto, y el rol político que les otorga la identidad profesional). En consecuencia, este libro quiere contraponerse al reduccionismo de los estudios estructurales del periodismo, que simplifican esta actividad en un relato estático (porque la sentencia es equívoca), cuando los testimonios llevan movimiento y complejidad a un período histórico que debe ser interrogado de nuevo.

Propongo aquí a la lectura el material de una historia oral. A la vez, me siento en el lugar de un proveedor de memoria, dado las fronteras fluidas que existen en este trabajo entre historia y memoria. No objetivo ni explico los hechos del pasado para que sean inteligibles. El objetivo solo fue organizar los testimonios presentados en las páginas siguientes, extractos de las cuarenta y tres entrevistas que hice durante mi investigación doctoral[47]. Esos testimonios fueron colectados con una metodología evolutiva, dado que empecé el trabajo por una entrevista libre, no-dirigida, que a partir de la pregunta por su trayectoria de vida profesional apuntó a dejar ir el entrevistado donde él quiso. A través de esas historias de vida pude obtener elementos prosopográficos, como

[47] Para una síntesis académica en castellano, ver Antoine Faure, "¿Contribuyeron los medios de comunicación al golpe de Estado? Otra historia del periodismo durante la Unidad Popular (1970-1973)", *Izquierdas*, N°35, septiembre 2017, pp. 71-97.

el origen sociocultural, la tradición política familiar, el sentido de la vocación, el impulso emotivo que llevó a emprender la carrera, las bifurcaciones y otros aspectos.

En los encuentros que siguieron, desarrollé una pauta de entrevista semi-estructurada profundizando en una o varias temáticas abordadas durante la primera conversación. Los distintos medios en los que había trabajado (prensa, radio, televisión, comunicación política), los distintos cargos ejercidos (redactor, editor) y/o el momento de su formación al oficio. Buscaba sentir el contexto, identificar el quehacer cotidiano, escuchar la dinámica de las salas de redacción, revelar el impacto de las formas y los formatos mediáticos de la época, percibir las relaciones entre pares, como con las fuentes y las audiencias, tener el relato de las evoluciones tecnológicas (pienso en la introducción de la rotativa *offset* o el uso del telégrafo Morse). También aparecieron, en los dos tipos de entrevistas, percepciones sobre lo que está deviniendo la profesión, en lo implícito de las representaciones históricas enunciadas, así como en lo explícito de una deriva de ciertas partes hacia el monólogo. La metodología me permitió entonces indagar los recuerdos primariamente convocados, orientar los testimonios hacia ciertos elementos en específico y confrontar los recuerdos supuestamente anodinos a una memoria de los eventos.

Provoqué esta historia oral del periodismo orientándola hacia lo anecdótico. Mi intención era que una cantidad suficientemente importante de periodistas me narrasen en qué consistía su oficio, de la manera más detallada posible, y así entender ese trabajo en su dimensión política. Efectivamente, este trabajo de recopilación se refleja en el hecho de que yo haya solicitado los periodistas, y ninguno de ellos me interpelase para narrar espontáneamente su experiencia. También los testimonios fueron voluntariamente enmarcados entre un objeto (el hecho de ejercer el periodismo durante la Unidad Popular) y preguntas más precisas sobre el quehacer correspondiente. Y es así que, por ejemplo, Leonardo Cáceres no me contó, por enésima vez, cómo transmitió el último discurso de Allende por *Radio Magallanes*, sino que se detuvo en otros episodios, y en eco directo, a la cobertura de la elección de Allende en Canal 13, en el que era jefe de prensa.

También las entrevistas tuvieron lugar en condiciones particulares y a través de una relación específica, la del tesista extranjero (en ciencia política) y su fuente oral, generalmente de una edad mayor. Solicitar esa memoria enmarcó en buena parte las relaciones de entrevistas: sentí que el estatuto de investigador extranjero, y quizás francés en específico, me permitió obtener ciertas entrevistas, o conversar con un poco más de relajo sobre el período de una crisis histórica que tiene todavía una fuerza memorial innegable. No participo del conflicto mismo, no viví esos años de polarización ni los siguientes de censura y represión. Como muestra, no comparto el mismo idioma, y a lo largo de las bandas registradas, se escuchan también las faltas o malos usos del idioma que hago. Se revela asimismo mi evolución tanto en términos de idioma como de manejo histórico del período.

Por esta razón, y para dibujar las escenas de esa historia oral, presento al inicio de cada testimonio las condiciones de la toma de contacto, las circunstancias del encuentro y la escenografía de la entrevista. Reconstruyo las redes que a un momento dado me permitieron solicitar los recuerdos de ciertos periodistas. Trato de dar un panorama impresionista del contexto de formulación de esa memoria solicitada, y entregada a través de transcripciones literales que fueron seleccionadas con cuidado, cortadas de nuevo (respetando el sentido de cada testimonio) y alisadas para ganar en fluidez de lectura[48]. Esto me llevó, por un lado, a precisar ciertos elementos de contexto entre corchetes y en cursiva en el cuerpo de las entrevistas: la reacción del entrevistado *[interrumpe]*, y el tono del extracto *[risas]* o el gesto que acompaña la palabra *[grafica con las manos]*, es decir elementos que me parecieron, en el momento mismo de la entrevista, añadir un sentido a la palabra.

Si admito, por el otro lado, que la repartición de estos puntos suspensivos *[...]* no ayuda a la fluidez de la lectura, los conservé por tres razones. Primero en términos éticos, hace hincapié ser lo más fiel posible a la palabra de los entrevistados. Segundo, muestran las hesitaciones y dudas que surgen al momento de movilizar una memoria del tiempo de la Unidad Popular. Tercero, los puntos suspensivos entre paréntesis

[48] La entrevista con Ernesto Carmona es la más trabajada aquí, dada su extensión y ciertas repeticiones. La parte sobre la Radio Nacional del MIR también fue cortada.

indican los momentos de entrevistas que no reproducimos en este libro. Asimismo, preveo una memoria que, como todos los recuerdos, no es "pura", implica una influencia de la interrelación de entrevista y hasta de mi propia mirada sobre el material. Pero también implica olvidos, duelos, traumatismos, rechazos, inhibiciones, identidades, relatos institucionalizados, referencias históricas.

A lo largo de los testimonios, esta historia oral enriquece la mirada hacia el periodismo durante el período, porque le quita una postura monopolista al sentido común sobre la polarización y la contribución periodística al golpe de Estado. Esa *otra* memoria se opera a través de la formulación de estereotipos y representaciones sociales que tienen que ver con un proceso político más escondido, sobre todo durante un tiempo de crisis política. Emerge *otra* memoria colectiva que pone en evidencia el proceso de profesionalización del oficio, según una disciplina dirigida por la norma de veracidad. El oficio se autonomizaba, pero todavía no tenía fronteras tan claras y estables, como lo muestran la circulación de los periodistas entre "Periodismo de información", "Propaganda informativa" o "Relaciones públicas". A fin de cuenta, este libro no se trata de la memoria de periodistas durante la Unidad Popular, sino de la memoria de *periodistas profesionales*.

Hernán Miranda Casanova

El nostálgico de la política, el romántico del periodismo

Contexto de entrevista

Conocí a Hernán Miranda por casualidad. Me lo mencionó un grupo de estudiantes de la Universidad de Santiago de Chile (USACH). Amigos de amigos interesados en el sentido de mi estadía en Chile, habían sido alumnos del profesor Miranda en el departamento de periodismo de aquella universidad. Tomé contacto con Hernán Miranda a través de su dirección de correo institucional. Su respuesta fue pronta y, de buenas a primeras, se mostró interesado. Me advirtió, sin embargo, que solo podría otorgarme tiempos cortos de entrevista. Por esta razón, realizamos siete entrevistas entre finales de marzo del 2009 y finales de abril del mismo año.

Estas entrevistas tuvieron lugar en las oficinas del Círculo de Periodistas de Santiago de Chile, en el que Hernán Miranda, en aquel entonces, ejercía un cargo de responsabilidad, ya en la oficina del periodista o en la biblioteca del organismo gremial, el contexto institucional fue determinante para inscribir la entrevista y las respuestas de Hernán Miranda en una historia: la del profesionalismo periodístico. Los retratos de grandes figuras del periodismo chileno (entre otros, Juan Emilio Pacull, refundador del Círculo de Periodistas a orillas de los años cincuenta), dan testimonio de ese referente omnipresente. El contexto de realización de las entrevistas hace entonces un doble eco que me parece decisivo: primero, remite a los años sesenta y setenta, en los que el profesionalismo periodístico se encuentra en pleno proceso de construcción, a la vez que constituía el horizonte de sentido del oficio; segundo, en la actualidad, esa misma tendencia está cuestionada debido, por ejemplo, a la muy baja tasa de asociatividad de los periodistas[49].

Solo presentamos aquí una síntesis de las dos primeras entrevistas realizadas el 29 de marzo del 2009 y el 1 de abril del 2009.

¿Podría hacer un retrato autobiográfico de su vida hasta el '73?

Bueno, me llamo Hernán Miranda, nací en Quillota aquí en la región de Valparaíso, cerca de Valparaíso, mis padres eran de origen campesino que llegaron a Santiago. Mi padre, apenas llegó, tuvo un problema con la policía, estuvo preso un tiempo, y después de eso se fue a vivir a Quillota, un pueblo tranquilo. Ahí nací yo. Entonces, después se volvieron a Santiago. Fui un típico niño estudiante de orientación popular, de escuela pública. *[...]* Entonces, estudié en la educación secundaria y después entré en la universidad. Desde muy joven me vinculé políticamente: *[...]* a los dieciséis años ingresé al Partido Comunista.

Entonces, en el tiempo de la segunda campaña de Allende, en el año 58, participé con las Juventudes Socialistas. Después entré al Partido Comunista y a través del tiempo he oscilado en otros dos partidos. Después de la caída de Berlín y toda esa cosa, me distancié del Partido Comunista. Pero en esa época, a los dieciséis años entré al Partido Comunista, al Partido adulto no a la Juventud, y tuve compañeros de célula, a un veterano de la Guerra Civil Española, por ejemplo, y otra gente que había vivido esos períodos. Gente muy mayor, que ha vivido períodos de persecuciones políticas muy duras. Entonces, para mí, fue una especie de baño de fuego. ¡Muy especial! Incluso, entre los compañeros que entraron junto conmigo, estaba Marta Ugarte, que fue una gran dirigente comunista y que fue asesinada. Estuvo desaparecida, la detuvieron y después apareció en el mar, en el sector de Quinteros. No sé si sabe la historia, entonces es uno de los mártires...

[...]

[49] Claudia Mellado y Marcelo Castillo, "Estructura de la asociatividad profesional en el campo periodístico: el caso de Chile", *Comunicación y Sociedad*, Nueva época, N°17, enero-junio 2012.

Era un momento relativamente cercano a la Guerra Civil Española y a su vez empezaba el triunfo de Fidel Castro en Cuba. Era un momento muy épico, desde el punto de vista de la izquierda, y esa fue mi milicia política. Para el triunfo de la Unidad Popular, yo tenía más de diez años de militancia política y con todas esas experiencias que había recibido de cerca. Y yo tuve estudios universitarios dispersos, pero al final terminé la carrera... Estudié castellano y periodismo.

Antes de estudiar castellano, ¿qué estudió?

Estuve en la Escuela de Derecho. Pero no tenía una conciencia clara del estudio, sino que más bien para mí era parte de la acción política. Entonces, yo me metí a una escuela para hacer agitación política y todo eso, y no le daba tanta importancia al estudio. Después sí... Y a su vez desde muy joven desarrollé una labor literaria: fui poeta y, poco antes de la Unidad Popular, gané varios premios juveniles. Publiqué un primer libro en los años 1970, después gané el premio Casa de Las Américas en Cuba, el año 1976. El libro se llama *La moneda y otros poemas*, que en parte tiene que ver con estos procesos. Fue publicado en Cuba. Parte de ese libro es un poema que se llama "La Moneda" y se publicó aparte. Y, entre paréntesis, aparece una foto en que estoy con Allende, que le estoy mostrando el libro... Después de haber publicado varios libros, he sido director de la Sociedad de Escritores de Chile, de varias actividades de ese tipo...

Después del golpe de Estado, yo tuve la posibilidad de asilarme en otros países; incluso, un amigo francés me mandó una carta de que me fuera a Francia. Pero yo me fui a Argentina, y allá estuve haciendo acción política, trabajé en una agencia. Allá funcionaba la agencia ITAR, noticias sobre la Unión Soviética. Entonces, yo hice esa labor de ese tipo, difundíamos información del Cono Sur y parte de Chile. Volví acá en el año 1978, después volví a Argentina, después volví acá a partir de 1981. Trabajé en periodismo, en el diario *La Tercera*. Ahí trabajé diez años, haciendo eventos y cosas. Después de eso, estuve un tiempo en el Ministerio de Agricultura, en la Fundación de Comunicaciones del Agro. A partir del año 1994, empecé a hacer clases en la Universidad de Santiago *[...]* y he hecho clases en otras universidades: en la Universidad Arcis, en la Universidad Academia de Humanismo Cristiano y en la

Universidad La República. Y el último año he hecho un periodismo disperso y he estado muy comprometido con las organizaciones. Desde el año 2012, fui director del Círculo de Periodistas de Santiago y, en este momento, soy el primer vicepresidente y, a su vez, soy el presidente de la Comisión de Cultura. También, hace algunos años, ocupé un puesto de consejero del Consejo Nacional del Libro y la Lectura. Me he movido en esos terrenos.

¿Cuáles son las diferentes funciones que ocupó antes y durante la Unidad Popular?

Un hermano mío trabajaba en el diario *El Siglo*; entonces desde muy joven me vinculé con la prensa comunista. De niño fui colaborador, redactor de publicaciones que editaba una editorial que tenían y se llamaba “Horizonte”. Escribía, tomaba fotos y colaboré con una revista juvenil, *Gente joven*, y una revista que se llamaba *Mirada*. Con un periódico también, pero con cierta irregularidad, porque como yo hacía labor política.

Fue en el 1961, 1962, hasta sesenta y tanto, 1966... Después, estuve estudiando castellano en la Universidad de Chile. *[...]* Finalmente, estudié periodismo, y el año ‘70, participé en el comando de prensa de la Unidad Popular. Entonces, en noviembre del año ‘70, entré a trabajar a La Moneda. Conocí el proceso desde que Allende asumió. Y hay que aclarar una cosa: el Estado en esa época era enormemente poderoso. Había una cantidad enorme de organismos estatales. Y, a su vez, el Estado tenía un tremendo poder. *[...]* Había control de la divisa, por ejemplo, *[...]* y el Estado fijaba precios de como dos mil productos como, por ejemplo, la mantequilla, que valía quinientos cincuenta pesos. De repente, los empresarios tenían que hacer gestiones al Ministerio de Economía, para que le actualizara y le aumentara el precio de la leche, el precio del pan. Era un Estado muy..., que controlaba mucho. Es curioso porque incluso hubo un gobierno derechista, como el gobierno de Jorge Alessandri Rodríguez, que gobernó ente los años 1958 y 1964, que era un gobierno conservador, pero que apoyaba estas políticas. Entonces, incluso el gobierno de Jorge Alessandri ahora resulta casi gracioso.

[...]

Por ejemplo, en el año 1962 se hizo en Chile el Mundial de Fútbol. Como parte de las normas de la Federación de Futbol, tenía que desarrollarse la televisión. Hasta ese momento, había una televisión experimental, *[...]* y había muy pocos televisores. Entonces, a raíz del mundial de 1962, se tuvo que hacer un esfuerzo para difundirlo... ¡Y en ese momento, Jorge Alessandri se opuso! Se opuso diciendo que la gente iba a gastar mucha plata. *[...]* Y siendo todo lo conservador que era, apoyar esta política estatista fue muy, muy fuerte... Vistas las instancias, y después observando todos los cambios que ha habido en el mundo, era un régimen bastante socialista... Pero nosotros lo veíamos como un régimen capitalista, burgués, explotador. Es muy extraño, era un Estado con mucho sentido social.

[...]

Cuando se produjo el gobierno de Allende, tenía todas las herramientas para profundizar eso, lo único que no tenía era el poder para hacerlo, porque está el poder económico, el poder de las grandes empresas trasnacionales, el poder de los grandes empresarios, y el poder de las fuerzas armadas que ideológicamente eran, en su mayoría, derechistas y anticomunistas, y habían sido formadas por Estados Unidos. Pero el aparato estatal estaba hecho perfecto para un régimen socialista. Tanto es así que, por ejemplo, los gobiernos duraban seis años, y se demoraba el primer medio año en instalarse, porque era tan grande el aparato estatal, y era una época en que no había computación, ninguna cosa. Entonces, para nombrar todos los cargos que había que nombrarse y que empezaran a funcionar todos estos organismos con nuevas autoridades, el proceso se demoraba más o menos seis meses. Y el gobierno de la Unidad Popular fue un período muy corto. Fueron menos de tres años, y a mediados del año 1971 recién empezaba a funcionar el Estado. Y ya en la segunda mitad del año 1971 hicieron una tremenda manifestación en contra, o sea, que ya empezó la etapa dura, el 1972 fue el paro de los camioneros y el 1973, el golpe. O sea, fue un período cortísimo.

Cuando nosotros asumimos en la OIR [Oficina de Información y Radiodifusión], nuestra primera función era informar sobre todo eso: "se instaló..." por ejemplo el Servicio Granadero, "asumió ese y este otro", "anunció que este otro...". Solamente en el Agro había como veinte organismos, que algunas son empresas como la Iansa, la empresa azucarera nacional, que había sido creada en el tiempo del gobierno de Carlos Ibáñez del Campo, en el año 1958. Y así con la Empresa Nacional de Semillas, y agregado a eso que el gobierno empezó además a aplicar un programa más avanzado de estatización de otras empresas. Hubo un momento en que el Estado era gigantesco. Bueno, gran parte de la labor que nosotros hacíamos era justamente informar a esas empresas estatales de lo que estábamos haciendo, y a su vez proporcionarle al gobierno informaciones, y todo eso. Y por otro lado, había una coordinación con distintos medios. La Secretaría General de Gobierno coordinaba con periódicos de izquierda y, a su vez, había una prensa de derecha que estaba también coordinada. Lo más venenoso eran las radios de derecha.

El Estado tenía el poder de intervenir las empresas. Y la única cadena de televisión nacional que había era Televisión Nacional, que había sido creada en el gobierno de Eduardo Frei, y que tenía frecuencia en todo el país. La única. Y todos los demás canales transmitían solamente en Santiago. Y en tiempo de la Unidad Popular, el canal de la Universidad Católica, que era de la Iglesia católica, se convirtió en el principal portal en contra del gobierno. Entonces, dentro del esfuerzo que hicieron, trataron de extender las redes. Pasó, por ejemplo, cuando colocaron una repetidora en Concepción.

[...]

Todo esto estaba coordinado con una acción de desestabilización del Gobierno, sobre la base del abastecimiento del producto. Y a su vez, medidas psicológicas: por ejemplo, empezaron a hacer atentados de todo tipo, movilizaron distintos gremios. En el fondo, la idea de esos tipos era la siguiente, como queda claro en un libro que se llama *La conjura*, de Mónica González[50] *[...]*: no bastaba con derribar el Gobierno, sino que ellos lo que tenían que hacer, era a su vez hacer una transformación de todo el marco jurídico económico del Estado para quitar todo el carácter que tenía, un carácter casi socialista, y convertirlo en un instrumento súper capitalista. De hecho, cambiaron la Constitución, las leyes, las privatizaciones, todas las cosas. De modo que, cuando salió Pinochet,

[50] La referencia es la siguiente: Mónica González, *La conjura. Los mil y un días del golpe* (edición actualizada), Santiago de Chile, Catalonia, 2012.

habían creado otro país. La habilidad que tuvo Ricardo Lagos, por ejemplo, fue de darse cuenta de que el país había cambiado tanto que había dos posibilidades: o se quedaban mirando lo que pasaba, o trataban de intervenir políticamente y aprovechar las circunstancias. Entonces, lo que hicieron en el fondo, fue eso: aprovechar un vacío que se había producido.

[...]

¿Durante la Unidad Popular, escribía usted?

¡Claro! En el año 72 participé en el Taller de Escritores de la Universidad Católica. Esto surgió después del año 68, cuando hubo un gran conflicto en la Universidad Católica, que era una universidad pontificia, que depende directamente del Vaticano, y una universidad muy conservadora, muy católica. Entonces hubo un movimiento y una reforma muy grandes. Dentro de esta reforma, se creó una cosa que se llamaba la Vicerrectoría de Comunicaciones, que estuvo a cargo de un arquitecto, Fernando Castillo Velasco. Como parte de esa labor, a partir del año 1969, empezó a funcionar un taller de escritores, que era una novedad en la Universidad Católica. A uno le pagaban un pequeño estipendio, un cheque por participar ahí. Entonces funciona en 1969, 1970, 1971... Yo fui en 1972, estaba en '73, y creo que la última vez fue el '74. Por ahí pasó casi toda la generación mía, de escritores, de los años 1960: Antonio Skármeta, Ariel Dorfman, Gonzalo Millán y muchos otros.

¿En qué consistía el taller?

Cuando yo estuve, no gané mucho. Lo formaban más o menos unas doce personas, entre narradores y poetas. Primero, se hacía una selección, y teníamos una sesión semanal en que cada persona iba exponiendo, mostrando su obra. Se hacían críticas colectivas y se analizaban unos temas, qué sé yo... Para mí, fue muy provechoso. Y los escritores que estaban a cargo era gente muy, muy valiosa. El que dirigía el taller era Luis Domínguez, un escritor. *[...]* Estaban también Alfonso Calderón, que es Premio Nacional de Literatura; Enrique Lihn, un gran escritor, poeta específicamente y también narrador, ensayista. *[...]* Entonces fue muy valiosa la experiencia del taller en medio de ese período político.

Yo era miembro del taller y era periodista recién. Por otro lado, en los cargos públicos, se tenían sueldos modestos: por ejemplo, era periodista de la presidencia y viajaba en micro, así... Era un sueldo modesto *[...]* y era rara la gente que tenía un auto. Además, por la economía distinta que había, en el año 71 o 72, un viaje a Europa valía lo mismo que un departamento. Hay un amigo, un escritor, Poli Délano, que me contaba una vez conversando que, por esa época, era profesor de la Universidad de Chile. Ya poseía una larga trayectoria, entonces tenía prácticamente el rango máximo y tenía un buen sueldo. *[...]* Pero convirtiéndolo a dólares, ganaba dieciséis dólares. Claro, eran otros momentos, otra economía, pero también eran otras realidades.

Para volver sobre su trayectoria ideológica, me contó que de joven eligió vincularse con el Partido Socialista y el Partido Comunista: ¿esa fue una elección influida por su contexto familiar?

No, no, mi familia no tenía ideas claras, más bien influyeron profesores y, en parte, lecturas, amistades... A comienzos del año 1957, tenía quince años, se produjo una revuelta popular en Santiago. Fue conocida como el 2 de abril, una manifestación de estudiantes que fue reprimida por el ejército; hubo más de veinte muertos. Yo en esa época participé y estuve metido en todo eso, quebrando vidrios, haciendo cosas. En ese momento, me vinculé con grupos que se podrían llamar de ultraizquierda, grupos muy exaltados, incluso estuve metido en un grupo que hacía bombas molotov. Fue un despertar de la lucha revolucionaria, entonces una mezcla de cosas sobre la Guerra Civil Española, sobre la Revolución Rusa, una especie de épica roja.

[...]

Y después, en la campaña de Allende en el año 58, estuve metido con grupos socialistas. Tenía mucha admiración por la Unión Soviética, y pensaba que había que tomar posiciones definidas, en la Guerra Fría, por estar en el Partido Comunista. Pero nunca fui un militante muy brillante. Y después me fui distanciando y, al final, tengo harto respeto al Partido Comunista, pero no comparto muchas cosas, pero ha sido en todo caso una experiencia muy impresionante todo lo que se vivió en Chile, ante las luchas políticas, después lo del gobierno de la Unidad Popular, golpe de Estado, persecuciones y todas las cosas, reconstrucción.

[...]

¿Por qué usted eligió el periodismo?

Yo diré por gran parte vocación, y yo diría cierta admiración. O sea, mi madre era una persona de origen campesino, que tenía poca instrucción formal, como mucha gente, pero que ha sido una gran lectora. Entonces, ella tenía mucha admiración a los periodistas. En todo caso, yo tenía una idea muy…, ¿cómo se puede decir?,... una idea muy romántica. Por ningún momento se me había pasado por la cabeza dedicarme a algo para ganar plata, sino que simplemente la idea era ser una especie de soldado que contribuyera con su formación a la sociedad. Eso se decía, el discurso de la universidad, éramos agentes de cambios. Nuestra función era colaborar al cambio de la sociedad. Además, era otra época en que el periodismo era mucho más oscuro. En cambio, cuando se desarrolló la televisión, en color, y toda la cosa internacional, con despacho vía satélite y de repente un periodista decía, haciendo un despacho desde Hong-Kong, o no sé dónde, el periodismo adquirió un carácter como rutilante. Mucha gente se metió harto al periodismo porque querían ser famosos, quieren viajar por el mundo, quieren tener una vida casi de magnate. No, en el caso de nosotros era simplemente más ligado con la idea del periodista de la Revolución francesa, o la Revolución rusa, un combatiente de las ideas. Que es algo que se perdió completamente.

¿La idea del periodista como intelectual?

La idea es que yo estaba luchando y aportando. Entonces eran muchas ideas que a estas alturas parecen más bien ingenuas, pero uno ganaba lo suficiente para tener una cama, una mesa y dos sillas y bastaba. Estaba feliz. Un abrigo, un zapato… por eso no pedía más, era muy austero.

[...]

¿En aquel entonces, usted no solo hizo periodismo de prensa escrita?

En el último período del '73, cuando estaba a punto de caer el Gobierno, yo colaboré un poco con la radio de la Universidad Técnica del Estado, que era una de las radios que apoyaba el Gobierno. Y después alguna vez hice algunas cosas. Y después en los años 80, con unos colegas, hicimos un programa de radio en la *Radio Chilena,* una radio que era de la Iglesia católica.

[...]

Y en televisión participé en dos períodos distintos en los años 1990 y alrededor del 2000, en un programa de televisión que se llama *Tierra adentro*, que ahora se acaba de terminar, que era un programa agrícola. Se daba antes por el canal de Televisión Nacional y ahora se da por Canal 13, pero se acaba de terminar[51].

Usted parece muy vinculado con las cosas agrícolas o ganaderas, ese sería un tipo de especialización…

¡Por puro azar! Cuando yo empecé a trabajar en el diario *La Tercera* un colega me dijo: "Te recomiendo que entres a trabajar en un diario grande no en un diario chico". Entonces le hice caso y justo se dio la circunstancia de que entré a trabajar en *La Tercera*. Había amigos míos, en fin... En esa época, había un cierto auge económico, entonces se habían creado muchos suplementos, suplemento de esto, suplemento de esto otro. Lo primero que empecé a hacer son reportajes magazinescos y otro tipo de cosas, cosas un poco culturales. Me acuerdo de que hice una serie sobre Neruda, que fue la primera serie que se hizo sobre Neruda en Chile en un diario grande después del '73. A fondo, tratando todos los temas. *[...]* Entonces, hicimos muchas cosas de ese tipo, y en un momento determinado me planteó que empezara a escribir en la agricultura. Yo lo tomé como algo interesante, y empecé a escribir en la agricultura. Después seguí en el Ministerio de Agricultura y hasta ahora estoy vinculado a revistas de agricultura. Fue una forma distinta de ver la realidad. A raíz de eso me tocó viajar mucho a través del país, de lugares y lugares, localidades y sectores que, por lo general, un viajero no conoce. Como son temas de campo, entonces hay que ir a lugares perdidos por allá… ¡Fue interesante!

[51] En el 2009.

¿Cuáles fueron las revistas en las que trabajó antes de la Unidad Popular y cómo funcionaban?

Estas eran revistas que eran editadas por una editorial del Partido Comunista, se llamaba impresora "Horizonte", editaba el diario *El Siglo* y la revista *Vistazo* y otras publicaciones. A comienzos de los 60, trabajé un tiempo en una revista dedicada a los jóvenes, *Gente joven*. Obviamente abordaba el tema juvenil, pero desde el punto de vista político, o sea, reivindicaciones de los estudiantes, de los jóvenes trabajadores, algo de vida cultural, pero sobre todo en el sentido de lucha política. Eran periódicos impresos con papel de diario. Yo escribía y tomaba fotos. *[...]* No era mi especialidad, pero tomaba fotos. Yo era el encargado de escribir, sobre todo, reportear esto y esto otro. Además, como era una revista juvenil, no eran textos largos, eran cosas más o menos cortas, imágenes, fotos... Desde el punto de vista laboral era lo que ahora se llama trabajo a honorarios. No tenía un contrato firmado.

[...]

Me acuerdo de que una vez, si bien no me correspondía, me pasaron una cámara y me dijeron: ¿por qué no vas a tomarle una foto a Violeta Parra? Estaba hospitalizada en un hospital público, un hospital que todavía existe, el hospital San Juan de Dios, de Matucana. La habían operado de la vesícula. *[...]* Ya está y partí para allá con una cámara, en sala común, una sala con seis enfermas. Ahí estaba Violeta Parra. Llegué y le dije: "¡Mire, vengo del diario *El Siglo*, vengo a tomarle una foto 'compañera'"! Y se me puso re feliz. Bueno estaba media verde por el asunto del hígado, entonces le tomé una foto, se arregló, le tomé otra... ¡Así contenta y la mujer contenta! Entonces, al final, dijo para agradecerme, le voy a cantar y tomó la guitarra y cantó una canción. Muchos años después, yo escribí un reportaje hablando de Violeta Parra, y recordé ese episodio. Y le puse al final "Gracias, Violeta Parra", como hay una canción que se llama *Gracias a la vida*, una canción de Violeta Parra famosa, que ha dado la vuelta al mundo, yo le puse al final "Gracias, Violeta Parra". Esa era una anécdota curiosa que me pasó. Pero era totalmente informal, no era que yo tuviera que hacer eso, sino..., era como que hubiéramos estado aquí estos escriben para esto, estos escriben para otro. *[...]* Fue una experiencia inolvidable.

¿Hasta cuándo trabajó en Gente joven*?*

Eran períodos relativamente cortos. Dos años, una cosa así. *[...]* No lo tengo bien claro. Y también colaboré con una revista que era dirigida a las mujeres, que se llamaba *Mirada*. Entonces, ahí había distintos temas y ayudaba a tomar fotos también. Colaboraba con publicaciones por aquí, algo con la revista *Vistazo*, algo con *El Siglo*, era una cosa bastante *amateur*... Y parte de una labor política, *[...]* uno lo consideraba parte de la política hacer estas cosas... Y el pago que le daban a uno era modestísimo. *[...]* De hecho, incluso cuando trabajé en La Moneda, si uno lo compara con lo de ahora, era un sueldo bastante modesto.

¿De qué tamaño eran estas revistas?

Eran tamaño como tabloide recortado, o sea, tabloide, pero le recortaban, inicialmente eran con corchetes. Como de revista y una diagramación hasta el margen, no como el diario que tiene un borde blanco. Entonces lo cortaban y quedaba como una revista. Lo que hace el *Punto Final*, que es un diario, pero lo recortan como revista.

¿Quién fue o quiénes fueron sus jefes en aquel entonces en estas revistas?

En la revista *Gente joven*, el tiempo que estuve yo, el primer director fue Enrique Martini y después fue Carlos Jorquera Tolosa, pero no el que estuvo con Allende en La Moneda. Ese Carlos Jorquera era conocido con el seudónimo de "Carucho"; era un viejo dirigente juvenil.

Ahora hubo un colega que empezó junto conmigo en ese momento y yo como estaba en una cosa y en otra, no persistí en ese período. Pero hubo otros que siguieron regularmente en lo mismo, por ejemplo, Marcel Garcés, que ha sido director del Círculo hace poco. Él empezó junto conmigo en la revista *Gente joven*, después pasó a *El Siglo* donde estuvo hasta el '73. *[...]* Después estuvo en *El Siglo* clandestino, en la *Radio Moscú*, o sea, él siguió una misma línea. En el caso mío, tengo un bache ahí. Estudié castellano, después periodismo, entonces hacía una cosa y otra, y por el año 69 colaboré con unos programas culturales en una radio, y el '70 empezó el trabajo en el comando de prensa de la Unidad Popular.

El comando de prensa de la Unidad Popular era como un *pool*, como el departamento de relaciones públicas. Reporteaba todas las actividades de la campaña y hacía publicaciones y distribuía la información. Y coordinaba la labor de los medios, o sea, toda esa labor como de "Relaciones Públicas". Por ejemplo, una anécdota: se acostumbraba, en esos casos, que cuando era elegido un presidente, instalaban una especie de comando en una casa, en un lugar determinado, mientras asumía; a eso le llamaban "La Moneda Chica". *[...]* Entonces, ahí empezaban a organizar cómo iba a ser el Gobierno; entonces yo estuve en "La Moneda Chica", que funcionaba en una casa, por ahí en el sector antiguo de Santiago, que tenía un pequeño departamento de prensa. Yo estuve ahí...

Luego, otra anécdota: yo llegué un día a las ocho de la mañana, tenía que llegar muy temprano, y estaba haciendo un café... Y de repente llamaron por teléfono, una persona, y esta dijo: ¿qué saben del atentado de Schneider? *[...]* ¿¡cómo no!? ..., prendan la radio y escuchen... Prendí la radio y justo había habido un atentado contra el general Schneider, el comandante en Jefe del Ejército. Y ahí me informé y después me llamaron otras personas que estaban bastante desinformadas de lo que pasaba. El atentado a Schneider fue un intento de impedir que Allende asumiera como presidente, fue un pequeño *putch*, un pequeño complot que no resultó.

¿Cómo caracterizaría usted el registro de palabra de los diarios y las revistas en las que trabajó?

Yo diría que era un lenguaje periodístico bastante efectivo. No en vano la gente que dirigía eso, tenía mucha experiencia periodística. Perfectamente podría haber sido un tipo de periodismo farragoso, literatoso, politiquero, con frases demasiado rebuscadas o demasiado largas. No, era un periodismo bastante efectivo, con frases directas, cortas, un lenguaje... Para mí fue una muy buena escuela. Periodísticamente era muy bueno, pero dentro de lo modesto que era ese tipo de periódicos, con papel de diario y una circulación limitada, se usaban fotos, titulares, párrafos chicos de repente. Se utilizaban todos los recursos que permitía ese tipo de prensa.

¿Cómo se elegían los temas y los reportajes, los ángulos?, ¿había una libertad?

Generalmente se utilizaba el esquema que es usado en muchas partes, que es hacer una reunión de pauta. *[...]* Previamente a eso, había una reunión con la dirección política, que le decía: "A ver, el tema que nos interesa ahora a nosotros es...". Les interesaba, por ejemplo, denunciar tal y tales cosas, promocionar, promover la unidad, por ejemplo, de los sectores de izquierda, incentivar el trabajo político... Esas son las líneas. Después, el editor en la reunión de pauta convierte esas ideas en reportajes...

–"Tal persona va hacer un reportaje de esto, este y este otro hacen esto otro... ¿Y ahora qué otro tema les parece?".

Entonces, hay temas que surgían del grupo y otros que estaban dirigidos políticamente. Con la diferencia que cada uno le da un matiz distinto, entonces, había que hacer un reportaje, por ejemplo, de la zona del carbón...

–"Fulano de tal va a viajar a la zona del carbón y va hacer un reportaje, va ir con tal reportero gráfico a tomar fotos... ese va hacer algo sobre los deportistas de barrio, entonces va hacer un reportaje..., y vinculado a alguna organización política que participa ahí..., una organización estudiantil...".

Siempre hay ese doble carácter: el mismo gallo, en cierto modo, vale para todo. En algunos casos, el objetivo es político; en otro caso, el objetivo es comercial. Pero siempre hay una línea, no es neutra.

¿Existía una intervención de los textos y reportajes?

Más que experiencia mía, yo diría que era una experiencia de conjunto, ¿no? Porque, entre paréntesis, las cosas hay que verlas desde el punto de vista del contexto de la dinámica política: si un partido político tiene sus medios, *[...]* obviamente se preocupa de que se siga esa línea. Entonces siempre había un margen de cosas. Por ejemplo, un gallo, porque le interesa o por capricho, puede dedicarse a hacer un artículo sobre un tema cultural o, bien, un tema curioso. Y eso no quita ni dona...

[...]

Pero, en las grandes líneas, es ahí donde se preocupa; entonces, obviamente en una organización política, como era el Partido Comunista, o puede ser otra, había una tolerancia hasta cierto punto no más. Evidentemente, si un tema no corresponde a la línea política... Y a veces las cosas eran muy rígidas: obvio que se cambia, se altera. Por ejemplo, en esa época, el Partido Comunista era partidario incondicional de la Unión Soviética, la apoyaba absolutamente. Y hubo conflictos. Bueno, antes que me incorporara yo, el famoso asunto de Hungría, y después cuando hubo la invasión de varios países del Pacto de Varsovia, *[como]* a Checoslovaquia. *[...]* Supe por ejemplo de colegas que se rebelaron, armaron un tipo de rebelión con respecto al asunto. Obviamente, ahí se usó un criterio partidista, existe lo que conviene y lo que no conviene. [...] Además, si había artículos de las alianzas, había que hacer una entrevista y darles importancia a los aliados o a los posibles aliados, si se trataba de pelear con los otros, bueno, ahí peleaba con todos los duros. *[...]* Y de repente se hacían cosas que históricamente resultan pintorescas. José Miguel Varas, quien fue director del diario *El Siglo*, recordaba que en una oportunidad le tocó hacer un editorial en contra de Pablo de Rokha, de una desmesura total, porque era un diario del más grande Partido Comunista de toda América Latina, el más organizado, más serio, influyente, respetado y haciendo un editorial contra un poeta, un pobre poeta... ¡Eran las desmesuras de ese tipo de políticas! *[...]* Lo sarcástico del asunto es que después pasa el tiempo y no tiene ninguna importancia. De hecho, muchos comunistas eran admiradores de de Rokha y, en realidad, era un poeta valioso que tenía un compromiso social en su poesía. Lo que pasa es que era un tipo medio anárquico, medio iconoclasta, pero tenía una fuerza y un valor interesante.

¿Cuál es la relación que tuvieron los medios chilenos, los periodistas de izquierda con los de El Mercurio, *los de* La Tercera, *etcétera?*

Eso es muy curioso, en el sentido siguiente: en cierto momento, no sé cuándo, pero debe haber sido muy antiguamente, se creó un espíritu liberal muy fuerte. Yo alcancé a ser testigo de eso. Significa eso que, si bien los medios eran contrapuestos totalmente, los periodistas eran todos amigos. Entonces, había un sentido de amistad y de respeto mutuo, e incluso de ayuda. Se dio el caso, por ejemplo, de periodistas de izquierda que defendieron a periodistas de derecha, y periodistas de derecha que defendieron a periodistas de izquierda. Y esto se mantuvo hasta, incluso, después del golpe de Estado. Por ejemplo, hubo periodistas derechistas que ayudaron a periodistas perseguidos. Entonces, como que el gremio del periodista era más importante que las empresas. Algo que no existe ahora. *[...]* Yo soy periodista de *El Siglo* y tú eres periodista de *El Diario Ilustrado*, pero somos amigos, nos respetamos, comemos juntos... Salvo diría yo, en el caso medio patológico, y eso se acrecentó mucho en el tiempo de la Unidad Popular, había un tipo de periodista que ya no era periodista, que eran como unos facinerosos, que hubieran puesto una bomba a otro. Ahí se perdió ese contacto, ¿no? *[...]* Por lo menos colaboradores con eso... y hasta hace poco, ha habido denuncias de periodistas que se prestaron para ocultar, para seguirle el juego a la policía secreta, y todas esas cosas. Pero, en general, diría que históricamente ha habido un respeto. Por ejemplo, en plena Unidad Popular, una vez hubo una elección complementaria para elegir un diputado, en la zona de Rancagua. Estábamos alojados en un hotel de Rancagua, donde había periodistas de distintos medios. Me acuerdo de que nosotros estábamos sentados en una mesa, con un periodista de un diario de la República Democrática Alemana. Hablaba castellano; entonces, cuando estábamos en la mesa, nos preguntaba a nosotros:

– "Ese que está ahí, ese, ¿de qué medio es?".

– "De Televisión Nacional", que era del Estado...

– "Ah, qué simpático. Y ese, ¿de dónde es?".

– "... del diario *Última Hora*, socialista...".

– "Ah, muy bien, ¿y ese de allá?".

– "Es de *El Mercurio*...".

– Y en eso llegó otro: "y ese que viene llegando".

– "Ese es de la radio, es comunista, de la radio de los trabajadores, de la Central Única de Trabajadores...

– "¡Ah!".

Y resulta que este periodista que venía llegando, se acercaba y veía a este de *El Mercurio*:

– "Hola, ¿cómo te va?" y le daba un abrazo...

Entonces el alemán decía:

– "No entiendo, ¿cómo el comunista se da abrazo con el de *El Mercurio*?".

– "¡Sí, poh!" le decía yo, "si son amigos".

– "No entiendo", repetía el alemán.

[...]

A nivel interno, ¿cómo funcionaron todas estas revistas? ¿Las salas de redacción se situaban en los mismos edificios? ¿Los mismos periodistas trabajaban en todas estas revistas?

A veces, por economía, tenían como estos caserones, casa antigua, una pieza de esto, una pieza de esto otro. Después, en tiempo de la Unidad Popular, tendieron a crear sedes propias. Hubo cada vez más recursos, entonces tenían una casa por aquí, otra casa por allá, que eran la redacción.

Ahora, todos estos medios que tenía el Partido Comunista eran el resultado de que el Partido tenía una imprenta. Se llamaba "Horizonte", que estaba en la calle Lira 363. Todavía existe el edificio. Lo que yo sé, es que originalmente esa imprenta había sido creada por un intelectual muy curioso, un tipo como una especie de sabio renacentista, que se llamaba Tancredo Pinochet. Hizo muchas cosas curiosas, porque fue periodista, hizo un curso de periodismo por correspondencia, un curso de inglés por correspondencia, hizo muchas cosas... Según he escuchado, parece que él fue el que creó la base de esta imprenta, que después pasó a ser del Partido Comunista. *[...]* Entonces, el PC tenía una imprenta, *[...]* e imprimía periódicos del Partido Comunista y también otros periódicos, por ejemplo, el diario *Última Hora*, de tendencia socialista, y otros diversos periódicos. Así como ahora el diario *La Nación* tiene una imprenta que imprime distintos periódicos[52]. *[...]* Y después en el tiempo de la Unidad Popular, más o menos, la renovaron, por una imprenta más moderna, *offset*, y esa fue expropiada por los militares.

[...]

¿Cuál era el tipo de relaciones que mantenían estas empresas mediáticas del Partido Comunista con sus audiencias?

En estos diarios, diarios populares como el diario *El Siglo*, siempre tenían un periodista encargado de atención de público, y se le daba mucha importancia a que apareciera en las páginas gente, instituciones..., como

[52] Mientras tanto el periódico *La Nación* cerró.

un signo de vida. Por ejemplo, dirigentes de la comunidad de pobladores de vecinos del barrio tanto visitaban nuestro diario para denunciar el abandono en que les tiene la municipalidad, que no saca las basuras, que no sé qué... Entonces, eso no solamente tenía por lo menos dos sentidos, uno de prestar un servicio, pero además era dar señales de vida. Y lo ideal en un periódico era que apareciera harta presencia de gente reclamando, contestando, apoyando, visitando, lo que fuera... A eso se le daba mucha importancia.

[...]

¿Fue una consigna del Partido Comunista?

Yo creo que era más o menos una idea, culpa de un viejo dirigente del Partido Comunista, uno de los patriarcas. Se llamaba Elías Lafertte. Él decía que *El Siglo* era el cañón de largo alcance; entonces era el que les permitía vincular con organizaciones, con muchas cosas... Se tomó como una consigna política, muy simple de lo que se practicaba. *[...]* En cambio, ahora todos los diarios..., ¿cómo se puede decir?, son esterilizados en ese sentido. Por ejemplo, la prensa en general aquí en Chile, hasta cierto momento, décadas atrás, tenía corresponsales en todo tipo de localidades y también era una cosa como anticuada. *[...]* Se hacía una noticia cortita, por ejemplo: "vecinos plantearon tal cosa en una reunión", Juan Pérez, corresponsal. Había un tipo que era corresponsal a honores, porque no ganaba nada con eso, ganaba prestigio en su localidad. *[...]* Y a veces unas cartas escritas, garabateadas, eran despacho de corresponsal. Entonces, también al medio le prestigiaba eso que hubiera noticias aquí, noticias allá... Había que arreglarlas, porque eran bien "tiradas de las mechas"... Pero era presencia de la comunidad. En cambio ahora, en el caso del diario *La Tercera* o *El Mercurio*, ya no... Son como esterilizados los diarios, incluso la noticia, la noticia de provincia se da como noticia. Si es importante se da como anónima, no inmediata por los representantes.

En ese sentido hay mucho menos presencia de la comunidad, y estos periódicos de izquierda, por supuesto que eran muy importantes. *[...]* También el Partido Comunista usaba el sistema de los días domingo, salir a vender el diario, en los barrios. Yo vi cómo lo sacaban en la feria... ¡Yo vendí! Entonces se difundía y con eso lograban aumentar mucho la difusión. *[...]* *El Siglo* era un diario de presencia pública, que aparecía en todos los quioscos y tenía fuertes polémicas con *El Mercurio*. Con esto, con lo otro, intelectual, importante que escribieran ahí, era un diario de la institución, ese era el lado flaco de la institución que de repente tenía pocos fondos... Pero era un diario respetado... Incluía todas las informaciones; incluso me acuerdo de que, en un momento determinado, me contaban que había una discusión si se debía poner "hípica" o no, noticia de cosa de hípica o no... Y al final decidieron que sí, que había una parte del pueblo que le interesaba la hípica, *[...]* iba al hipódromo, para lo cual tenían un periodista especializado en la hípica, que hacía pronósticos...

Y lo que yo escuché en el Partido Comunista, cuando uno ingresaba en esa época, *[...]* es que decían que "un militante comunista es un intelectual". No sé de dónde venía eso, a lo mejor venía de Lenin, no sé... Entonces decían que el comunista es un intelectual, podía ser un obrero que estaba haciendo hoyos en el suelo, él era un intelectual porque había asumido una idea y la realización de esa idea en la Tierra, a través de una lucha política, una lucha revolucionaria... ¡No era un cualquiera, era un intelectual! *[...]* Ahora, qué habría querido decir eso de "intelectual": intelectual era una persona que razonaba, no se refería a una persona exquisita, sino que un tipo que usaba un pensamiento reflexivo y se guiaba por una ideología por principios. De hecho, había un lenguaje que era propio del comunista, que yo creo que debe haber sido igual, más o menos, en todo el mundo.

¿Cómo definiría este lenguaje?

Los dirigentes comunistas tenían una forma pausada de plantear las cosas y siempre dando la impresión de que tenían la verdad. Eso les daba mucho prestigio, uno creía mucho a estos dirigentes que hablaban así. *[...]* Y, además, siempre se planteaba de general a particular; entonces, entramos en un mundo que está en proceso de cambio hacia el progreso. Hay una lucha entre el avance y el retroceso. Además, hay un lenguaje: los sectores progresistas, los sectores democráticos, querían decir de izquierda; a su vez, los derechistas querían hacer ver que los comunistas no eran democráticos, sectores antidemocráticos... O sea, todo un lenguaje, una pelea de los términos.

Usted me decía que una de las metas de los diarios era que apareciera gente, pero ¿cómo se hacía, concretamente, dentro del diario?

Fotos. Era muy importante. Yo diría que, en cierta medida, era característico de otro tipo de periodismo también, por otro motivo... Y tal vez, no existía el criterio casi elitista que hay ahora, que solamente se publican las cosas noticiosamente importantes. Por ejemplo, había una revista que se llamaba *Vea*. *[...]* Antes era de informaciones generales, después se convirtió en revista de espectáculo. Pero parece que ya no existe. Era un semanario y tenía características: era impreso en un sistema *offset*, con foto, papel de mejor calidad, en blanco y negro, pero fotos de buena calidad, que era impreso en editorial *Zig-Zag* (que después pasó a llamarse *Quimantú*). Tenía un sistema de huecograbado, un tipo de impresión de muy buena calidad. Entonces, esta revista se dedicaba a puras noticias policiales, instrumentistas, y noticias locales de pueblos chicos. Entonces, había páginas y salían fotos chiquititas, por ejemplo, "el equipo de futbol tanto celebró cumpleaños..." y así.

Dentro de los textos, ¿se iba mucho a entrevistar a las personas, hacer reportajes allá?

Claro, enviaban mucho a hacer reportajes a sectores populares. Por ejemplo, aniversario de la población tanto... problemas de la zona de allá... y seguramente coordinarlo con un parlamentario de la zona, con un alcalde de la zona. *[...]* Y el Partido Comunista le daba mucha importancia a una antigua rama del periodismo, que era el "periodismo obrero", que lo desarrolló una gran figura como Luis Emilio Recabarren. Él fundó muchos periódicos, hay poemas de Neruda que hablan de eso, de cómo él fundaba periódicos por todos lados, un periodismo obrero. Y en el caso del Partido Comunista siempre exaltaba esa parte del periodismo obrero. Entonces, hasta cierto punto se me ocurre que había un cierto obrerismo, una exaltación del obrero. Y cuando se creó el Colegio de Periodistas, tengo entendido que se produjo una pugna en ese sentido. Me da la impresión de que había una línea, por así decirlo, que quería darle un sector medio elitista del periodismo, periodistas del tipo "culto"; pero estaba la línea también que defendía el "periodismo obrero", que decían que no, porque el periodista obrero no había tenido educación... Entonces, cuando se fundó el Colegio de Periodistas, tenían que definir quién iba a ser periodista y quién no. Se suponía que después habría una escuela de periodismo y los periodistas iban a salir de la escuela, pero mientras tanto, cuando había que definir quiénes eran periodistas, se tenía que poner límites. Por ejemplo, de estudios; entonces, unos proponían que el mínimo que tenía que tener un periodista era la educación secundaria; y otros dijeron que no, porque había compañeros obreros que no la tenían. *[...]* Al final acordaron que el mínimo tenía que ser el tercer año de humanidades, que equivale ahora al primero medio. *[...]* Cuando se fundó el Colegio de Periodistas, hubo personas que no votarían y, además, había otra exigencia, que era una cierta cantidad de previsión como periodista. Entonces, se puso un artículo transitorio que establecía que aquellos que no cumplían esos requisitos, se les daba un plazo para cumplirlo. Si les faltaba completar esos siete años de estudio, se les daba la posibilidad que los estudiaran por ahí, y lo aprobaran. Y si les faltaban imposiciones y como periodista *[tenían que]* completarlas, porque la exigencia que les daban era tener dos años de imposiciones como periodista en forma continua y tres en forma discontinua; si no tenían ese requisito, se les daba un plazo. Pero ese artículo nunca se derogó, y estuvo funcionando como veinte años, hasta que se les quitó el poder a los colegios, o sea que, por lo tanto, durante muchos años siguió existiendo el periodista obrero. *[...]* Entonces, todavía uno encuentra viejos periodistas que entraron en esa época y son gente de muy poca instrucción. Eran periodistas, pero para fines legales eran periodistas con todos los derechos. *[...]* El criterio era ese que había que funcionar con un periodismo popular obrero, con gente que no tenía instrucción, que no había tenido mayor instrucción...

[...]

¿Se utilizaban mucho las grandes agencias de prensa internacional para cosechar y difundir la información hacia el exterior?

Funcionaban las oficinas internacionales; en el caso de *El Siglo* tenían el servicio de la UPI *[United Press International]*, pero lo alteraban a su gusto..., o sea, en ese sentido, le quitaban las referencias anticomunistas...

¿Cómo funcionaban las relaciones entre los periodistas y el mundo político, los sectores estatales en específico?

Lo que yo conocí funcionaba como un frente informativo. Un periodista que cubría el Ministerio de Relaciones Exteriores, un periodista político, otro de temas laborales. En el caso de *El Siglo*, la parte laboral era muy importante, noticias de huelgas, de movimientos, reivindicativas, de pliego de peticiones, de luchas aquí y allá... Era como el motivo principal del periódico. Un dato pintoresco: la otra vez tuvimos una reunión acá con una periodista de Televisión Nacional, comentando sobre un movimiento gremial de los periodistas. Total, dijo que en Televisión Nacional, y supongo que en los demás canales igual, está prohibido dar noticias de conflictos gremiales, porque se considera que son aburridas, que a la gente no les interesa.

[...]

En síntesis, ¿cómo ve el periodismo durante la Unidad Popular?

Lo que pasa es que esto se contrapone con la idea pseudo-idealista del periodismo norteamericano, como que el periodismo estaba inspirado por buenas intenciones, ser un servidor público, decir la verdad, ser objetivo, y puras cosas así. El otro es un periodismo comprometido, tenía sus principios, defendía su punto de vista y no tranzaba con los otros, era otro concepto de noticia, no más. Ahora estamos enmarcados en un periodismo sensacionalista y, además, hay temas que son tabúes. Están muy marcados por los criterios políticos, por ejemplo, en el caso de la derecha: tiene una serie de lenguajes por el cual, por ejemplo, se estigmatizan ciertas ideas. Entonces, cuando dicen que algo es izquierdista o es disolvente, negativo, destructivo, ¡dicen que es político! Los puntos de vista de la derecha no son políticos, los de los otros sí son políticos y van creando una imagen de lo político como una cosa desagradable. *[...]* Entonces un sujeto del Partido Conservador da su opinión, eso no es político. Lo otro es político, y así hay varios lenguajes de ese tipo que se usan mucho. Y hay otras cosas así. Por ejemplo, Sebastián Piñera dice que es una persona de trabajo. ¡Nadie cuestiona eso! ¿Qué quiere decir con eso de trabajo? ¡Porque todo el mundo trabaja! Yo soy una persona de trabajo. Con un amigo conversábamos la otra vez, qué quiso decir con eso. Uno decía "tal vez lo que quiso decir es que él produce riqueza, y los otros son unos charlatanes, son sociólogos, psicólogos, filósofos, qué sé yo, periodistas que hacen cháchara; en cambio, yo produzco cosas, una fábrica, un edificio, una máquina".

Leonardo Cáceres
Por la razón periodística...

Contexto de entrevista

Entré en contacto con Leonardo Cáceres después de que Luis Alberto Mansilla lo mencionara durante una entrevista a propósito de su trabajo en *Vistazo* y *Radio Magallanes*. Así mismo, el periodista Ernesto Carmona también evocó a Cáceres quien, según su recuerdo, grabó el último discurso de Salvador Allende para *Radio Magallanes*, el 11 de septiembre de 1973. Gracias al contacto proporcionado por Carmona, le propuse a Cáceres una entrevista sobre su trayectoria periodística. Me pidió precisar mis intenciones y objetivos, mostrándose siempre abierto. Al llegar a su departamento, nos instalamos en su oficina, frente a frente, separados por un gran escritorio de vidrio provisto de un computador. La pieza, a su vez, alberga la biblioteca de la casa, una impresionante colección de libros, agrupando también fotos y vinilos. Se aprecian numerosas referencias bibliográficas o musicales de la época de Allende sin que, por lo tanto, se vea un esfuerzo por ponerlos en evidencia. Esta entrevista también cuenta con la intervención de Gabriela Meza, la compañera de Cáceres, a quien él mismo consulta en una oportunidad para confirmar un dato que estaba relatando. El extracto presentado aquí corresponde a la entrevista que le hicimos a Cáceres, el 25 de mayo del 2010.

¿Podría hacer un retrato autobiográfico de su vida hasta el '73?

Bueno, yo he cumplido, en el año 2009, setenta años. De manera que nací en 1939, el año que comenzó la guerra. Mi padre era un empleado particular, que le llaman aquí, pero él era contable. Y trabajaba para una agencia aduanera. Murió cuando yo tenía trece años. Mi madre estaba en la casa, sin preparación, y murió también casi en el mismo período, a una semana de diferencia. Por casualidad, absolutamente. Ella estaba enferma, murió mi papá de un infarto cerebral. Y, en seguida, a la semana murió ella. ¿Por qué es importante? Porque yo estudiaba en aquel tiempo en un colegio en Antofagasta, en el colegio de los jesuitas, y como se dio esta situación, los jesuitas me becaron y terminé de estudiar en el colegio, hasta completar la educación media. En ese tiempo, la universidad era gratuita, de manera que me vine a Santiago con la ayuda de un hermano, y postulé a estudiar periodismo en la Universidad de Chile. ¿Por qué periodismo? No sabría responder exactamente. Cuando terminé la educación media, quise entrar en la universidad, y estuve un año estudiando pedagogía en filosofía y en castellano. Pero no me interesó para nada y, además, no quería ser profesor. Conocí a gente, a jóvenes que estaban estudiando periodismo, que me hablaron con gran entusiasmo de su carrera. Y postulé a la universidad, ¡y ya!

[...]

Y entonces, en esos años, te estoy hablando de finales de los años 1950, yo entré en la Universidad de Chile el año 57. Y entonces estos *[profesores]* trabajaban en un medio de comunicación, algunos, y otros eran simplemente académicos. Esa fue la formación. Cuando salí de la universidad, comencé a escribir para la revista de la Federación de Estudiantes, la FECh. Tenía una especie de boletín, digamos, y mi primer trabajo re-formal era para una revista de la Iglesia católica, del arzobispado de Santiago, que se llamaba *La Voz*. La voz de los que no tienen voz. Y era un momento en que, en Chile, había una gran efervescencia política, todo el mundo había adoptado posiciones políticas y estaba muy de moda la palabra compromiso. Había que tener un compromiso, un compromiso de vida. No se puede pasar por el mundo sin adoptar compromisos con algo o con alguien. Mi padre, te dije que había sido empleado de aduana, contable, pero parece que en su juventud fue conservador. Era muy católico, era de la Juventud Conservadora. Pero él participó, con otras personas, en la formación de la Falange Nacional en Antofagasta. Tomaron el nombre de la Falange española, pero no era como la Falange española, sino que de la Democracia Cristiana, digamos, porque no existía la Democracia Cristiana. Del Partido Conservador, que era católico, sale un grupo de gente joven principalmente y que eran más progresistas; iban un poquito más allá. Las encíclicas *Rerum Novarum* y otras sobre asuntos sociales los influían mucho. Y entonces ellos fundaron el partido que se llamaba Falange Nacional y que años después pasó a llamarse Democracia Cristiana. Entonces había participado en eso y yo escuchaba estas cosas. No tenía, por temas de edad, ninguna posibilidad de participar o de integrar algo así. Pero, de alguna manera, las personas mayores que yo conocía eran de ese sector. Yo me acuerdo de haber conocido, en mi casa, por ejemplo, a Eduardo Frei Montalva, Bernardo Leighton, Edmundo Pérez Zujovic, todos los viejos.

Volvamos a cuando yo estoy en Santiago saliendo de la universidad. ¡Era arzobispo de Santiago Raúl Silva Henríquez! Y él era muy partidario de que existieran los medios de comunicación y, en particular, de que se defendiera y se informara de los intereses de la gente, de los sindicatos, de los campesinos. Era una época que, a mi parecer, fue muy positiva en Chile. En Argentina, la Iglesia católica nunca desempeñó un papel así, nunca tuvo esas tendencias progresistas, y hasta hoy día... *[risas]*.

Yo tuve la posibilidad de trabajar en esta revista *La Voz*, la cual para los sectores más de derecha éramos todos comunistas, todos financiados por Moscú. Y entonces, después de un tiempo trabajando así en la revista *La Voz*, hacíamos viajes, hacíamos reportajes. De alguna manera, nos fuimos involucrando con sectores más "progres"[53]. Yo ya antes en el colegio con los jesuitas participaba... Uno de los curas de ahí comenzó a hacer un boletín para el Sindicato de Portuarios de Antofagasta y me invitó a trabajar con él. Y yo, en primer lugar, entregaba el diario, me paraba en la puerta del sindicato a entregar... Era un diario que se regalaba. Bueno, diario digamos no, una hoja, qué sé yo..., que salía más o menos cuando estaba lista, cuando había dinero para imprimir. Entonces yo ya venía con esto de que lo que hay que hacer en el periodismo es darle, es recoger lo que la gente más pobre, que no tiene posibilidad de expresarse en los medios de comunicación normales, quiere decir o quiere hacer. Bueno, pasaron algunos años, yo fui creciendo, me casé bastante joven, pero paralelamente en el año 1962

[53] Modismo para "progresista".

comienza a transmitir el primer canal de televisión, el Canal 13. Como era toda una exploración, el director de ese canal, que era el director y gerente, un señor de apellido Tironi, Eduardo Tironi, padre del actual Tironi. De Eugenio, y de Eduardo Ayún, hermano de Eugenio que tiene el nombre de su padre. El "viejo" Tironi me llamó a mí, porque me había conocido no sé cómo, a través de otras personas y me invitó a crear un departamento de prensa en el Canal 13. Y ahí estuve varios años en la televisión.

¿Cuántos años?

Trabajé ahí hasta el año 1972. El '72, el Consejo Superior de la Universidad designó director al padre, a un cura, Raúl Hasbún. Entonces, el padre Hasbún me despidió. Él consideraba que había que limpiar el Canal de gente de izquierda. Estábamos en 1972 con el gobierno de la Unidad Popular encima *[risas]*. Bueno, de ahí yo dije me voy, me voy a ir lejos de Santiago, tenía una loca idea de trabajar en la Universidad del Norte, en Arica, porque había un proyecto muy bonito de crear medios de comunicación dirigidos a los pobladores del altiplano chileno. Alcanzamos a hablar con el rector de la Universidad, me habían hecho un contrato y qué sé yo. Paralelamente, me invitó a La Moneda el presidente Allende. Yo fui, francamente bastante asustado porque, pese a que los periodistas tienen acceso, a uno no lo está llamando todos los días el Presidente de la República. Y bueno, él me atendió. Mira, la reunión habrá durado en total diez minutos ¡si es que! Me recibió muy amable, muy atento, y me dijo:

–"Yo tenía muchos deseos de hablar con usted, porque le voy a contar un secreto; yo soy dueño de una radio, la *Radio Portales*" (que era la radio más importante en ese momento en Chile), "y tengo cantidad de problemas dentro de la radio y quiero que usted asuma como jefe de prensa, ¿le parece, está de acuerdo?".

– "¡Sí, claro! ¿Cómo no? Pero fíjese que yo tengo un problema, tengo un contrato con la Universidad del Norte".

– "No se preocupe, yo lo arreglo" *[risas]*.

Además, muy en el estilo de él: "No se preocupe, yo lo arreglo". Y efectivamente parece que una llamada telefónica hizo o algo… El hecho es que me llamaron después de la Universidad para decirme:

– "Mire, sabemos lo que pasa, no te preocupes de nada, cuando se pueda ahí estamos".

Y fui entonces a hablar con el gerente de la radio, que era el señor Raúl Tarud, que era socio. Después yo supe, en ese momento Allende no me contó nada, que la radio pertenecía a dos personas. Bueno, el hecho es que estuve trabajando en *Radio Portales*. Eso ya fue un trabajo profesional y político ciento por ciento.

¿Puede contarme más sobre la estructura de propiedad de la radio?

Esa radio era propiedad de dos personas o familias, un señor Hirmas, Abraham Hirmas, creo que era el jefe de familia, y el otro un señor Tarud. Ambos tenían otras propiedades y otras actividades además de la radio, obviamente. Y el señor Hirmas era dueño de una industria textil que en el gobierno de la Unidad Popular fue confiscada. Entonces, cuando se vio en dificultades para negociar con el Gobierno la propiedad de la industria textil, le cedió como un regalo las acciones que él tenía a Salvador Allende. Y quedaron, en realidad, a nombre de alguien, de alguna persona, pero que era representante de Allende. Por eso, Allende podía decir como me dijo a mí: "Le voy a decir algo que nadie sabe: yo soy dueño de una radio en Chile". Y era eso.

[...]

Entonces fue un trabajo periodístico y político...

Sí, porque era la radio con más alta sintonía en todo el país, desde Arica hasta Magallanes. Y había cadenas, enlaces con radios locales, provinciales. De manera que en ese momento era muy importante lo que se decía por la radio. Desde el punto de vista periodístico era como la *Cooperativa* de hoy día. Y estábamos dando noticias a cada momento, teníamos una... ¿Cómo se llamaba? Ya ni me acuerdo cómo se llamaba el noticiario. *[...]* Había un programa por la mañana, otro al mediodía, otro en la noche, pero además los noticiarios horarios, y además las noticias. Había un departamento de prensa grande. No me acuerdo, deben haber sido unas diez o doce personas. Periodistas, la mayoría jóvenes, y un grupo de ellos eran militantes del MIR. Yo no era militante de ningún partido, ya te dije mis influencias, pero no era militante de ningún partido, pero claro yo decía: "yo soy de la Unidad Popular". Pero nos topamos con el MIR que criticaba a la radio y la línea de la radio, porque decía que todo iba muy lento, que así el Gobierno iba a ser un fracaso, que eso era lo que quería la derecha, en fin. Tuvimos numerosos problemas, tuvimos hasta una huelga de periodistas, de un sector, de un grupo de periodistas...

¿Una huelga... [Interrumpe]?

Sí, porque ellos criticaban al Gobierno e hicieron una especie de huelga de hambre en La Moneda, en la propia sala de prensa de La Moneda. Pero claro, y todo esto era curiosamente levantado por la derecha. *El Mercurio* ponía toda clase de noticias: la división..., en fin.

¿Usted se acuerda de las personas que componían este grupo?

Algunos. Cayó una chica que se llamaba Cecilia Binimelis, por ejemplo, pero que ya no es periodista. Ella era una mujer muy valiente y muy decidida. Se fue a vivir, pese a que su origen familiar era de la burguesía acomodada, a un sector, el más pobre en ese momento y hasta hoy ella vive en la población José María Caro. Y la he visto de repente, un par de veces, y me gusta mucho porque es una mujer con fuerza, hasta hoy día. Ella participó en eso. De los otros no me acuerdo de los apellidos.

[...]

En todo caso, pese a todos los problemas que había y qué sé yo, tengo la mejor idea de ellos. Claro, pero todos sentíamos que estábamos jugándonos los destinos de la patria. No sabíamos que venía un golpe, pero podía pasar cualquier cosa. En junio de 1973, se me acercaron algunos amigos periodistas y otros; me invitaron a una reunión en el Partido Comunista. Me contaron que ellos tenían una radio, que era *Radio Magallanes,* y que estaban importando equipos de transmisión muy potentes. Porque hasta entonces era una radio que cubría Santiago, y eso. Y entonces querían hacer lo mismo de la *Portales*: una red de emisoras de radio desde el extremo norte al extremo sur de Chile. Y que querían tener periodistas y todo esto. Además, querían un nombre de un periodista que no fuera militante de ningún partido, que no estuviera adscrito a nada. Hablamos mucho, tuvimos más de una reunión y, en definitiva, yo renuncié a la *Radio Portales*. Sí, a principios de junio o a finales de mayo del año 1973; la verdad es que ya estaba muy cansado, porque eran puros problemas... *[risas]*. ¡En serio! Bueno, me fui a la *Radio Magallanes*. Y allí trabajé junio, julio y agosto y diez días de septiembre, once días de septiembre *[risas]*. Porque después se acabó la radio. En todo caso, mientras yo estaba en la *Magallanes* como jefe de Prensa, formamos con la *Portales*, con la *Corporación*, que era la radio del Partido Socialista y algunas otras, estaba la radio de la CUT, de la Central Única de Trabajadores, *[...]* la *Luis Emilio Recabarren*, y la radio del MAPU, la *Sargento Candelaria*, la radio de la Universidad Técnica del Estado también, una cadena, o sea, integrábamos cadenas cada vez que pensábamos que era necesario. Y entonces empezaban los llamados por teléfono: "oye, por favor, ¡cuélgate de la radio!". Y entonces los técnicos hacen esas cosas, se cuelgan. Y podíamos difundir un mensaje importante por la radio.

[...]

Y esos tres meses que yo estuve en la *Magallanes* fueron como años; yo tenía la sensación de que había estado hasta el golpe. Bueno, y esa fue un poco mi experiencia como periodista previo al golpe de Estado.

Para seguir dibujando su trayectoria, ¿qué pasó para usted después del golpe?

A ver, dos cosas, de distinta magnitud. En primer lugar, el día del golpe yo pedí ingresar al Partido Comunista. Yo dije: "¿Cómo puedo ayudar?". Este es el viejo compromiso: "¿Cómo puedo yo ayudar a que Chile recupere la democracia?". Habíamos visto, desde la calle Estado, el bombardeo de La Moneda; entonces esto es una cosa tan tremenda, tan insólita, que ¡tenemos que hacer algo! "¿Cómo puedo ser efectivo?". Y yo pensé en ese momento que lo más práctico, lo mejor, era ser militante del Partido Comunista. Bueno, pedí entonces ese día ingresar al Partido. Eso, por una parte. Por otra parte, sacaron los militares unos decretos y unas listas raras de personas peligrosas, allanaron mi casa. Yo no volví a mi casa, me fui a la casa de mi hermano y después de otras personas y pasaron varios días. Yo no me quería ir de Chile, por supuesto. Pero, a finales de ese mes de septiembre, fui ayudado por un periodista argentino que me vino a buscar y me llevó a la embajada argentina, y me asilé en la embajada y estuve allí hasta finales de noviembre, parece...

Porque las Fuerzas Armadas argentinas pusieron aviones para llevarse a los refugiados y me llevaron a Argentina, pero confinado a la ciudad de Corrientes, ni siquiera a Buenos Aires. Y ahí estuve confinado hasta la Navidad. Fueron…, no sé…, cuatro semanas. Y a finales de ese año, mi mujer se trasladó a Buenos Aires. Se presentó al Ministerio del Interior y me pidió la autorización. Entonces, dijeron que me daban una autorización para ir a Buenos Aires por diez días, por la reunificación familiar. Y el mismo jefe de inmigración argentino me dijo: "Tú te vas a Buenos Aires y no vuelves más a Corrientes. Ya, te quedaste ahí". En Buenos Aires, vive más de un millón y medio de ilegales. Además, yo tenía trabajo en Buenos Aires; creo que era el único periodista de los chilenos que tenía amigos en Argentina, pues había un diario que al final resultó ser montonero. Se llamaba *El Independiente*, o algo así.

[...]

De manera que estuve allí trabajando, me encargaron hacer la sección internacional del diario. De pronto, la situación comenzó a ponerse muy mala. Era el gobierno de Perón y empezó a actuar la triple A: mataban a gente todos los días, pusieron una bomba en el diario… De manera que me recomendaron que fuera a pedir visa en alguna embajada. Fui a varias, a Cuba, a Alemania, a Francia... Y de pronto me llamaron de la embajada de la República Democrática de Alemania, los alemanes de allá digamos… *[risas]*. Y me dieron documentación, un pasaporte con el cual podía viajar, y Naciones Unidas nos pagó el viaje, y nos fuimos con toda mi familia. Yo tenía mi mujer y mis cuatro hijos que eran bastante pequeños en ese tiempo. ¡Pero nos fuimos!

Estuvimos en Alemania un año, yo trabajé en *Radio Berlín Internacional*, en un programa que era en castellano para Chile. Después de eso, ya era 1975, me ofrecieron ir a Moscú y ahí estuve tres años trabajando en el programa "Escucha Chile" de *Radio Moscú*, hasta el año 1978. El '78, el gobierno de Pinochet anunció una especie de amnistía o algo así, y dijeron que podían volver a Chile todas las personas que habían salido del país, incluyendo a los que hubieran salido asilados a través de embajadas. De manera que yo dije: "Me voy a Chile". Salí de Moscú, me fui a España, porque ahí hasta hoy vive un hermano mío. Y entonces llegué a la casa de él, porque no tenía documentación, pues yo había viajado con un pasaporte de la Alemania Democrática y pasajes de Naciones Unidas. Llegué a España de vuelta en 1978 y me presenté al consulado chileno a pedir el pasaporte, porque yo quería volver a Chile. Me dieron el pasaporte y me dijeron: "No puede volver a Chile". Y ahí me quedé. Trabajé en *Diario 16* y en la agencia *Inter Press Service*. Me mandaron un tiempo a Lisboa como corresponsal, dos años de corresponsal de *Inter Press* en Lisboa. Volví después a Madrid. Y el año 1985..., yo empecé a colaborar con un grupo de periodistas, "La Asociación de Periodistas Europeos". Organizaron un seminario en Costa Rica. Entonces me mandaron a Costa Rica y me dijeron: "Como tú eres latinoamericano, te vas a entender mejor allá, para organizar seminarios". Efectivamente, llegué a Costa Rica y sentí que eso era lo mío *[risas]*.

[...]

Entonces recorrí en ese período, año '85, casi todos los países de América Central. Estuve en Panamá, que no es América Central, pero igual estuve en Panamá, fui a El Salvador... Fue muy, muy rico, muy vivificante eso. Volví a España y le dije a mi familia: "Yo me voy a América Latina sea como sea". Y me vine a Buenos Aires, porque conseguí que la revista en que yo trabajaba, la revista *Triunfo* de Madrid, me enviara como corresponsal en Argentina. Y entonces llegué. Y eso coincidió con que mi mujer, que había sido expulsada de Chile también, apareció su nombre en una lista de personas autorizadas para entrar al país. Entonces, ella se vino directamente a Santiago y yo en Buenos Aires. Y a finales de ese año, terminando el año, el Colegio de Periodistas hizo varias gestiones, y mi mujer que también es periodista se movió, en fin, hablaron con varias personas y me dieron un permiso para entrar a Chile por veinte días. Un permiso engañoso, porque todo el mundo sabe que si uno entra a Chile no vuelve a salir. Y efectivamente así fue. Y ya me quedé. A finales del '85, para el año nuevo, entré en Chile. Estuve entonces todo ese período, entre 1973 y 1985, de exiliado, pensando en Chile, trabajando como periodista, colaborando en todo lo que se podía. Y volví más viejo, pero con más ganas de vivir en Chile y que este era mi país, ¿no? De todas maneras, tuve mucha suerte, porque en cuanto regresé a Chile, me encontré con el proyecto de un grupo de periodistas y gente de la Democracia Cristiana, particularmente, que querían hacer un diario que se llamó *La Época*. Entonces me contrataron como periodista de la revista *Hoy*. Yo me acuerdo de que Emilio Filippi, que era el director, me dijo: "Mira, tú si quieres escribe algo para *Hoy*, pero tu trabajo fundamental es trabajar para el proyecto de *La Época*".

Y estuve allí, partí en el año 1986, el año 1987 apareció el diario y trabajé ahí hasta... ¿Cuánto habrá sido? *[Toma el tiempo de pensarlo]*... Hasta finales del año 1989. Después me fui, tuve ahí un breve paréntesis, porque un grupo de personas del Partido Comunista sacó una revista que se llamaba *Pluma y Pincel*, y yo fui director de esa revista. Fue un paréntesis. A todo esto, llegó marzo del año 1990, cuando eligen a Aylwin. Después de la toma del mando, del cambio de Gobierno, me llamaron de *La Nación* y me fui. Fui editor internacional y terminé siendo editor de distintas cosas. Eso hasta el año 1996.

[...]

¿El año 1996 jubiló usted?

No, me faltaba mucho. Pero no, dejé de trabajar en *La Nación* y me dediqué a hacer clases. Yo que había dicho que nunca quería ser profesor *[risas]*. Me dediqué a hacer clase en escuelas de periodismo distintas, hasta el año 2001. Ese año me invitaron a trabajar a La Moneda, en la Secretaría de Comunicaciones, y allí trabajé hasta el 2005. Cuando comenzó el gobierno de Bachelet, coincidió que estuve un período enfermo, y estaba ya casi para jubilar. Pero seguí trabajando y haciendo cosas: fui corresponsal y, teóricamente, sigo siendo corresponsal hasta ahora del diario *El Tiempo* de Bogotá. Y, además, tenía un diario electrónico que se llamaba *diariocritico.cl*. Es una iniciativa de unos amigos españoles pero que de pronto, en diciembre del año pasado[54], por problemas económicos, resolvieron cerrarlo. Esto me dio una gran alegría, porque lo que quiero es no hacer nada *[risas]*. Y ya está. Esa ha sido mi vida.

[...]

Ya sea en su familia o después en el colegio jesuita, ¿se leían muchos diarios?

Bueno, en Antofagasta había un diario que era *El Mercurio de Antofagasta*, y un sector más vinculado a la Iglesia comenzó a editar, cuando yo estaba

[54] 2009.

en el colegio, un diario que se llamaba *ABC*. Ese diario lo leíamos con mucho interés. Llegaban también unos diarios de Santiago. Entonces esos eran los diarios. *[...]* ¡Ah no! Algo más, leíamos con mucho interés una revista que se editaba en Chile, una revista semanal, la revista *Ercilla*, que no es la actual revista *Ercilla*. Una revista bastante buena donde trabajaban algunos exiliados españoles como Darío Carmona, Mauricio Amster, Luis Hernández Parker, un periodista político, Lenka Franulic, con quien después con el tiempo, cuando llegué a Santiago y estudiaba periodismo, terminé siendo amigo. Conocí a esta gente y ellos me tomaron, Mario Planet, Hernández Parker principalmente, me ayudaban, me invitaban... Yo una vez dije: "Voy a hacer un libro sobre la Reforma Agraria". Y Hernández Parker me dijo: "Yo te hago el prólogo". ¡Y lo escribió! Todavía no está escrito el libro, no se escribió nunca *[risas]*. Pero él sí escribió el prólogo. Bueno, fuimos muy amigos. Después Mario Planet me fue a ver en el exilio, estábamos en Buenos Aires y llegó. La revista *Ercilla* para mí era muy importante, siendo nosotros muy jóvenes. Eran de un gran nivel cultural, elevado, leían mucho, sabían mucho *[sonríe con cierta nostalgia]*, cosa que en el periodismo actual no hay muchos ejemplares. Hay más bien una ignorancia espantosa.

[...]

Usted me dijo que estudió periodismo casi por casualidad o por influencia de amigos...

A ver, egresé en 1961. Yo salí del colegio el '56, hice un año en la Universidad del Norte, de castellano y filosofía, 1957. Y el '58 entré a primer año en la escuela de periodismo. Eran cuatro años en ese tiempo, '58, '59, '60 y '61. Salí de la Escuela el 61. No me titulé porque ¿para qué, si yo era periodista para qué me quería titular? Pasaron los años y de vuelta del exilio, en algunas universidades donde estaba haciendo clases me dijeron: "Oye, tienes que traer tu título". Y yo dije: "¿Qué título? ¡Si no tengo título!". "No, tienes que traerlo". Bueno, fui a la Universidad de Chile, hice una tesis, saqué el magíster que daban y después el título profesional. Entonces, es bien absurdo porque debo ser uno de los periodistas que estudió más. Salí de la Universidad el '61 y cuarenta años después me titulé de periodista *[risas]*.

¿Sobre qué tema era la tesis que hizo usted?

Sobre la Mesa de Diálogo, ¿te acuerdas? Hubo, en tiempos de Frei, una mesa de diálogo entre los militares y los civiles. Y entonces era un poco como normalizar las cosas, para poner por un lado a gente de un sector y de otros, y hablar sobre Derechos Humanos. Y hacer que los militares reconocieran lo que había pasado en Chile. Una gran parte de los chilenos decía que no había habido torturas, que no había desaparecidos, que los desaparecidos eran una cosa que inventaban los comunistas. Tuvo un cierto valor, no fue una cosa tan trascendental. La tesis era muy mala, pero la recopilación de información y de documentación me sirvió para después dar un examen ante la Faride[55], el chico González[56] y el español este que trabaja en la Escuela, todavía creo yo. Me tomaron un examen muy formal y me dieron el título *[risas]*.

[...]

Entonces, ¿usted trabajó primero en La Voz*?*

Yo cuando salí de la Escuela sí, trabajé primero en *La Voz*. Era periodista, redactor. Es que en esa época uno trabajaba en varias partes al mismo tiempo. Primero, porque los sueldos eran malos. Peores que ahora. Eran malos, entonces había que trabajar en varias partes al mismo tiempo. Entonces trabajabas en la radio y podías trabajar en una revista y eso no era incompatible, digamos. En 1964, ya era jefe de prensa en el Canal 13.

[...]

¿Cómo se organizaba la redacción del Canal 13?

De manera artesanal. Yo veía los diarios en la mañana, y discutíamos, teníamos los servicios de alguna agencia de noticias, fundamentalmente la *United Press*, que tenía un servicio nacional. Revisábamos las noticias, escuchábamos los programas de las radios por la mañana, los programas matinales. Entonces, en la primera reunión de pauta, decíamos tales y cuales cosas van a ocurrir o hay que estar atento a esto, lo otro, y mandábamos periodistas. Ahora, no había equipos móviles. Las imágenes eran o fotografías en blanco y negro, o películas

---

[55] Se refiere a Faride Zerán.

[56] Gustavo González.

en 16 milímetros. Entonces, iba el camarógrafo (teníamos tres o cuatro camarógrafos), y filmaba. Enseguida, llegaba al Canal, al laboratorio, había que revelar a gran velocidad. Y siempre se echaba a perder una buena parte de las películas... *[risas]*. ¡Claro! Y después, en la moviola, empezábamos a ver qué cosas, qué imágenes podíamos usar. Y había dos cosas: una que es una cosa que yo encuentro propiamente periodística, que era resolver qué noticia ponemos, ¿no es cierto?... ¿Cuáles noticias vamos a cubrir? Y había que redactar una pequeña información que era complementada con las imágenes. Y otra que consistía en ver las películas o las fotografías que teníamos, y cuáles podíamos usar... Entonces, así era que en el noticiero había noticias que simplemente eran leídas por el locutor, sin ninguna imagen, otras con fotos, y otras con películas. Te dije que era artesanal porque era bastante al arbitrio de las personas que hacíamos el noticiario. O sea: "A ver, pongamos tal cosa". "No..., parece que no". "Bueno, ya". Pero, ¿por qué? Porque se nos ocurría. Porque nos parecía que era más importante. No, no había allí criterios. Ahora inevitablemente siempre las noticias estaban vinculadas a un grupo de algún sector de la sociedad que es el que hace la noticia: los políticos, los líderes sociales o religiosos, o no sé... Claro, Juan Pérez, que vive en la población La Victoria, nunca va a ser protagonista de una noticia, a menos que haga algo totalmente, qué sé yo, fuera de lo común, como matar a su mujer. Entonces, claro, allí iba a ser noticia... Bueno, estos criterios siguen hasta hoy día.

¿Quién participaba en las pautas de redacción?

En Canal 13 éramos tres o cuatro periodistas, ¡y ya! O sea, después se fue tomando más gente, nosotros mismos nos fuimos dando cuenta de que necesitábamos alguien más; de repente a alguien se le ocurrió: "oye, por qué no dejamos que uno se encargue de hacer como editor de política, otro editor de asuntos económicos, otro de asuntos policiales", y fuimos organizándonos de otra manera. Uno de internacional, también. Al comienzo, en la primera redacción del Canal 13 estaba yo, que me habían contratado para crear el departamento, y llamaron de la Escuela de Periodismo de la Universidad Católica, un grupo de periodistas, de mujeres, de unas niñas que resultaron ser bastante buenas como periodistas. Eran cuatro. Y ellas cuatro, conmigo, éramos todo el equipo de prensa del Canal, ¿no? Ahora, ninguno teníamos idea de cómo se hacía periodismo, ni habíamos visto un noticiero de televisión *comme il faut*[57]. Después, en algún tiempo, en cuanto pudimos, yo fui a Buenos Aires, no sé cuánto, una semana entera viendo programas de televisión. Y empezamos a establecer contactos con la gente del Canal 7 y del Canal 13 de Buenos Aires. Ellos estaban bastante más avanzados que nosotros. Después, yo fui a México... Y empezamos a copiar descaradamente las cosas que se hacían allá. Decíamos: "Mira, esto no se hace. No se hace así, se hace asá", ¿no? Claro.

¿Recuerda cosas que copió, técnicas o procesos que copió de manera evidente?

Bueno, en la forma de hacer las cosas, claro. Los despachos... Entonces, como no había retransmisión directa desde el lugar de la noticia, ¿qué hacíamos? Poníamos una cámara con sonido directo y un periodista que contaba lo que estaba pasando. Era como el despacho del periodista, claro que con las diferencias en relación a lo que hay hoy día, que había que llegar con la película, revelarla, y ver lo que había pasado: ¡a veces nada de eso servía! Pero esa copia la vimos primero en Buenos Aires. Esa forma, porque esto es una pura cuestión formal. Después, a medida que el Canal tenía más medios, pudimos hacer otras cosas. Desde luego, el Departamento de Prensa fue haciendo todos los programas periodísticos del Canal. Hacíamos también un programa de debates, uno que se llamaba "A esta hora, se improvisa". También hicimos un noticiario más amable, con un animador en cámara que conversaba con otra persona. También, un reportaje que se llamaba "¿Dónde vive usted?". Buscábamos personajes y los convencíamos, con grandes dificultades, para que nos mostraran su casa. Fuimos a la casa de Juvencio Valle, un poeta; a la casa de Pablo Neruda, otro poeta… Bueno, de personajes así, del mundo de la cultura. Lamentablemente, todos esos programas se hicieron con un formato sumamente moderno para ese tiempo en Chile que era el videotape. El videotape, así de ancho *[describe el tamaño con las manos]*, no sé si lo has visto tú… Bueno esto ya no tiene cinta, pero el carrete del video era inmenso de alto, cada carrete era así *[describe de nuevo con las manos]*. Costaba carísimo… Esto iba en un camión, no se podía hacer

[57] Se podría traducir por "como corresponde".

de otra manera. Por problemas económicos, se podía reutilizar el "tape"; entonces, las mismas cosas que ya se habían transmitido se borraban y se grababan cosas nuevas. Entonces no quedó registro. Y ese es uno de los tremendos problemas porque, por ejemplo, en Canal 13, se perdió todo lo que no se filmó en cine.

¿Todos los recursos para comprar este tipo de cosas venían directamente de la Universidad Católica?

De la Universidad, sí.

¿Nada más?

Bueno, el Canal comenzó de a poquito a conseguir autofinanciamiento con publicidad.

¿En qué año empezó la publicidad?

1964. Había también un problema político muy divertido. Porque el anterior presidente, Jorge Alessandri, que fue desde el año '58 al '64, era adversario de la televisión, porque pensaba que era una cosa diabólica *[risas]*. En cambio, Frei Montalva era muy partidario. A él le gustaba, lo encontraba muy moderno, muy bonito. Claro, me llamaba a mí por teléfono, me invitaba, por ahí me encontré una dedicatoria que él me hace. Muy, muy bonita, muy elogiosa, pero era porque le interesaba la televisión, con cierta visión. Alessandri miraba esto como una cosa terrible. Tenía mucho miedo de lo que pudiera provocar la televisión. Con alguna razón, porque pensaba también que la televisión se preocupaba de frivolidades.

Y a nivel político, de la campaña inscriptora, ¿la televisión jugó un papel importante en el '70?

En el '70, sí. Antes no. Bueno, ya para el '70 fue importante. Hay una *petite histoire*[58], un detalle digamos. Durante la campaña presidencial de Salvador Allende el año 70, conseguimos llevar a Alessandri al estudio de televisión, cosa que él encontraba..., *[busca la palabra]*... No quiso

[58] Una anécdota.

maquillarse, no, nada de nada. Y nos dimos cuenta, durante el programa, de que mientras él hablaba tomó un papel y le tiritaban las manos. Entonces yo estaba en el *switch* de dirección y le digo al técnico que estaba ahí: "Mira, fíjate en las manos como le tiemblan". Él se refociló en eso *[risas]*. ¡Tomó las manos del candidato! Esa imagen además se grabó en cine, con película, y después cada vez que nos referíamos a Jorge Alessandri aparecía. Entonces, ellos estaban muy, muy indignados. Hubo varias cosas así que a lo mejor no son para enorgullecerse, en lo absoluto, pero era parte de lo que nosotros pensábamos que había que hacer.

Después, durante el gobierno de la Unidad Popular, hubo una marcha, un desfile por la Alameda de las mujeres opositoras con unas cacerolas, golpeaban ollas vacías. Se estaban muriendo de hambre, en fin. Pero eran todas bastante elegantes. Entonces fuimos, deliberadamente, a filmar las caras y la actitud de estas mujeres que posaban, además, felices de la vida. Y después, cuando las mostramos por la televisión, se indignaron muchísimo, ellas y la derecha. Entonces ninguna de estas cosas me ayudó a seguir en el Canal *[risas]*. Yo creo que, en la campaña, si bien la televisión no poseía la importancia que tiene hoy, en la campaña electoral del año 70 sí tuvo importancia. Hay que tomar en cuenta también que la televisión llegaba a un número bastante reducido de personas; no había muchos televisores. Pero había los suficientes para ese momento.

[...]

Esa indignación, para la marcha de las ollas vacías... [Interrumpe]

Eso era lo que decían los diarios. *El Mercurio* lanzó una campaña contra el Canal 13, acusándonos de los peores... *[risas]*. Ahora era compartido: cuando hubo la toma de la Universidad, colgaron ese cartel: "Chilenos, El Mercurio miente". No era casualidad, era una respuesta.

Yo me querellé, siendo director de prensa del Canal 13, ante el Colegio de Periodistas contra el director de *El Mercurio*, René Silva Espejo, porque en un editorial de *El Mercurio*, dijeron que el noticiario de tal día del Canal 13 decía, abre comillas "ta, ta, ta, ta, ta, ta", cierre comillas. Y yo dije: ¿No es cierto? Entonces, lo acusé ante el Colegio de Periodistas de mentira, y hubo una investigación y me dieron la razón. Y, como condena, el diario tuvo que publicar una información bastante breve, pero en fin, diciendo que "por decisión del Colegio de Periodistas, hubo una...".

Eran peleas entre grupos sociales o también había tensiones entre dos géneros de comunicación, la prensa histórica con El Mercurio *y un nuevo medio de comunicación... [Interrumpe]*

Que era la televisión. Yo creo que eso debe haber influido, este factor, pero lo esencial era la pelea política. Y además era inaceptable, inconcebible para ellos. Porque René Silva Espejo era una especie de transatlántico. Lo conocía todo el mundo, él no hablaba, él pontificaba. Y yo no era absolutamente nadie *[risas]*. Tenía veinticuatro años, y trabaja ahí, ¡en la televisión! Entonces, que apareciera acusándolo a él de mentiroso, era violento.

Al nivel de las fuentes, ¿la proximidad ayudaba a tener más información?

Sí, sí, sí. A ver, yo siento que por ejemplo en el período de Frei, antes de la elección de Allende, nosotros éramos bastante amigos de Jacques Chonchol, que era director del INDAP y entonces eso nos facilitaba el contacto con lo que fue el proceso de Reforma Agraria. Y entonces nos llamaba la gente, además, que trabajaba en esa área, nos consideraban sus amigos. *[...]* Viajábamos, por ejemplo, tengo la impresión que incluso cuando fue ministro de Agricultura Triveli, yo fui a Punta Arenas invitado por el ministerio, por la televisión.

[...]

¿Los periodistas tenían autonomía, nunca la Universidad impidió tal o cual reportaje o hizo presiones?

A menos que tenga amnesia *[risas]*, ¡no! La verdad es que no puedo quejarme... ¡No! A lo mejor, alguna vez me decían: "Mira, no te pases tanto", o tal vez casi en tono de broma "¡oye te has puesto muy allendista!". Pero no, nunca hubo presión *[silencio largo]*. El día de la elección presidencial de Allende, estamos hablando del 4 de septiembre de 1970, yo organicé la cobertura de la elección de manera muy amplia. Dijimos "nosotros queremos tener los resultados lo más pronto posible". Estaba ya transmitiendo el Canal 9 de la Universidad de Chile, el Canal 7 que era del Estado, que ahora es TVN. ¡Ah! Y el canal de Valparaíso, y probablemente había un canal más, pero bueno... Yo monté, en un estudio del Canal, allí en la calle Lira, en el mismo estudio en que transmitía Don Francisco, que era un estudio grande, una sala de cómputos, todo el estudio ocupado con gran cantidad de gente allí, y contratamos a un ingeniero experto, se supone, en temas electorales, para que dirigiera esa sala de cómputos. Había que sacar con el resultado de una mesa en Providencia, otra mesa o dos mesas en Barrancas, no sé qué, en Pudahuel, otra no sé qué... Y con eso se proyectaban, ¿no?, y podíamos decir con cierta verosimilitud lo que iba a ocurrir. En el fondo es lo mismo que se sigue haciendo hasta hoy. Y para hacer más rápido todo, contratamos una computadora que estaba físicamente instalada allí a algunas cuadras del Canal, y que era una cosa gigantesca. "Brrrrrr" *[imita el ruido de un procesador]*. Entonces le entregaban unos datos y "brrrrr", procesaba. Todo esto funciona bastante bien como hasta las 10 de la noche. Yo estaba en el Canal, moviéndome por todos lados, teníamos unos datos cada tanto, salía, transmitíamos desde la sala de cómputos, los locutores daban anticipando las noticias de lo que estaba ocurriendo en una parte, en otra. De repente me llama el Rector de la Universidad, don Fernando Castillo, al cual yo quiero mucho, mucho, porque fue una gran persona conmigo, siempre. ¡Siempre! Y en ese momento, me llama y me dice:

– "Leonardo, tengo un tremendo problema. Me acaba de llamar Gabriel Valdés", que era ministro de Relaciones Exteriores.

– "Él está en La Moneda, y dice que en La Moneda tienen los datos que corresponden a que el presidente, el próximo presidente, va a ser Jorge Alessandri, porque el recuento de votos que ha hecho el ministerio del Interior, le da una ventaja, ¿no? Claro, pequeña, pero le da ventaja. Y el Canal 13 está diciendo que gana Salvador Allende".

Yo le dije:

– "¡Mire, rector, la verdad es que los datos que tenemos confirman que Salvador Allende gana la elección!".

– "Bueno, mira", me dijo, "no podemos transmitir, no podemos seguir, porque esto es muy, muy grave. Por primera vez, yo he sentido la presión del Gobierno, tú sabes que el Gobierno no es, ni mucho menos, alessandrista, todo lo contrario, pero están preocupados porque esto del Canal 13 dando la información de que Allende ganó la elección terminaría en una especie de levantamiento popular o algo así...".

Hablamos mucho rato más. Mira, todo esto era muy rápido. Entonces le dije:

– "Mire, yo no puedo dar otra información. Si usted me dice que tenemos que decir que Alessandri va a ganar, lo que es una mentira, yo prefiero suspender la transmisión".

– "¿Prefieres suspender la transmisión?".

– "¡Sí, señor!".

Y yo salí de la oficina de él, me fui al estudio del Canal, a la sala de cómputos, y pedí al jefe, que era un señor Tazara:

– "Mira, se suspende la transmisión, el recuento de votos llegó hasta aquí".

11 de la noche. Llegamos hasta aquí. No dimos ningún resultado más. Me fui a mi oficina, donde estaban las conexiones con los equipos móviles, ya teníamos unos equipos móviles, y empecé a pedir uno por uno:

– "Oye", Jaime Vargas, un periodista que estaba en La Moneda: "Devuélvase al Canal, se terminó la transmisión".

– "Pero ¿cómo?... Bueno, ardió Troya".

Yo dije:

– "No".

Y pedí que, desde el estudio, desde el *switch* central, pusieran una película, algo así, que se hizo, pusieron unos monos animados. Y en seguida venía el programa *A esta hora se improvisa*, donde estaban ellos esperando que nosotros termináramos la transmisión, para empezar. Y se encontraron que, de repente, tenían cauces... Yo me fui, me fui del Canal, salí, me acuerdo de haber caminado por la Alameda terriblemente desilusionado, amargado... ¡Ah! Yo le dije al rector, por supuesto: "Yo levanto la transmisión y me voy. Yo no vuelvo al Canal...". Y terminé yéndome a mi casa, esa noche, mientras salía la gente de los partidarios de Allende a celebrar el triunfo, y Allende habló desde la FECH. Yo miré, vi desde lejos la aglomeración de gente, y tomé un auto y me fui a mi casa. Yo vivía allí en Tomás Moro. Me fui muy, muy, muy deprimido. Y, bueno al día siguiente temprano me estaba llamando el rector, ¿no? Terminó que al mediodía estaba de vuelta en el Canal.

Todo el mundo dijo que disculpara, que no había pasado nada, y qué sé yo. Y que las cosas fueron así. El que el Canal parara la transmisión fue interpretado como la señal de que había ganado Allende. Claro, que el Canal 13, de la Universidad Católica, de repente dice "Pum, nos vamos al negro", entonces fue muy claro. Sí, eso tal vez fue el mayor y más grave problema que yo tuve como periodista en el Canal. Y pese a eso seguí hasta febrero de 1972.

Al final es extraño, porque el día mismo de la elección de Allende usted tuvo que cortar y el día del golpe fue el único que transmitió…

¡Sí!, de veras, no había pensado en eso *[risas]*.

[…]

Una pregunta sobre el conteo de los votos…

Había expertos, se supone. Llamamos a gente de Ingeniería de la Universidad de Chile y de la Universidad Católica, que hacían los cálculos. Sí había periodistas que ayudaban, pero en una cosa muy simple, de tomar el recuento de una mesa. Nosotros necesitábamos la mesa no sé cuánto, la mesa 32 y tanto, y entonces el periodista tenía que estar ahí, porque la misma gente de la mesa son los que hacen el recuento. Entonces, tomar ese resultado y transmitirlo por teléfono, había que ir a buscar el teléfono *[risas]*. No era como ahora, no existían los móviles.

¿En el Canal 13 cuál fue su régimen laboral?

Estaba contratado como periodista, así que nunca tuve los sueldos de ahora, pero era un buen sueldo. No me acuerdo cuánto, pero tenía un buen sueldo. Es que existía una Caja de Previsión de Empleados Públicos y Periodistas. Y me impusieron siempre en el Departamento de Periodista de la Caja de Empleados Públicos y Periodistas. Por eso, el año 2005, cuando yo fui a la televisión, pedí las planillas y no sé qué, y me entregaron gran cantidad de papeles, y con eso, los llevé yo al INP y pude jubilar. No, no fue siempre, es posible que, en otros casos en la televisión, en los medios, hayan pagado las imposiciones. En mi caso, nunca tuve problema.

¿Cuál sería su balance de las grandes evoluciones, entre el día en que integró el Canal 13 y el día que se fue usted?

Cuando yo llegué, era un grupo de personas con entusiasmo y con ganas de hacer televisión. De contar cosas por la pantalla. No sabíamos nada, ni teníamos experiencia ninguna, ni tampoco medios. Cuando yo me fui del Canal, aún seguía siendo en blanco y negro *[risas]*. Y todavía las películas, o sea los noticiarios eran con películas. Pero naturalmente que teníamos en prensa un equipo grande de personas... no sé, había catorce o quince camarógrafos, además de un laboratorio fotográfico y cinematográfico en el Canal; a su vez, habíamos contratado en el último tiempo los servicios del Instituto Fílmico de la Universidad Católica. En la tarde ya comenzaban a trabajar exclusivamente para nosotros: procesando las películas, revelando y editando. Cuando yo me fui el 72, ya era una empresa importante la televisión; tenía bastante influencia.

¿En qué sentido?

Porque lo que se decía o no se decía en la televisión era comentado por los diarios, era analizado por la radio, los políticos se preocupaban de lo que se decía, bueno, en fin. Y claro, la televisión ahora es otra cosa.

Gustavo González Rodríguez

La política de las formas, las formas de la política

Contexto de entrevista

Durante mi estadía en el Instituto de Comunicación e Imagen (ICEI) de la Universidad de Chile, Gustavo González Rodríguez era director del pregrado de la carrera de Periodismo. Se mostró muy interesado en la temática de mi investigación, y varias veces evocó de manera espontánea e informal sus actividades de periodista durante la Unidad Popular. Le propuse, entonces, realizar una entrevista, lo que aceptó. Estas entrevistas, de las que solo una parte reducida es aquí presentada[59], fueron desarrolladas en su oficina. Dado el lugar específico (la Escuela de Periodismo de la Universidad de Chile), todos los documentos que allí penden de las paredes, hacen referencia al periodismo y su enseñanza. Se ve el afiche de la ceremonia de los cincuenta años de la Escuela y numerosos manuales de periodismo. Este extracto surge de la entrevista del 14 de mayo del 2010.

Podría contarme de su trabajo en El Siglo*, por favor. ¿Cómo llegó? ¿Cuál era su cargo?*

Justamente, yo era bastante virgen políticamente cuando entré a estudiar periodismo y por la influencia de ciertos compañeros, Claudio y Gonzalo,

[59] Buena parte de esas entrevistas tratan del período en el que Gustavo González Rodríguez era estudiante. La reservo para un libro que espero publicar sobre las escuelas de periodismo entre 1953 y 1973.

me vinculé a las Juventudes Comunistas. Un día, Claudio me invita a ir al diario *El Siglo* y empezamos a ofrecer algunos artículos sobre literatura que se publicaban en la revista de literatura de *El Siglo*, que era publicada los domingos. Luego me ofrecieron quedarme para trabajar como reportero y me quedé en la sección de crónicas. Mi primer trabajo fue desarrollar una serie sobre el sistema de salud chileno en relación a la educación sexual. En aquellos años, recién se estaban incorporando los métodos anticonceptivos. Luego me correspondió trabajar un buen tiempo en las llamadas "páginas de cables", que no era reportear en la calle, sino recibir, transcribir y explicar las informaciones que venían de agencias internacionales. Fue una buena escuela de enseñanza. El diario –que no era un diario muy grande– tenía tres páginas de informaciones internacionales. Éramos un equipo de tres personas y debíamos llenar las páginas de información. Entonces estábamos todo el día procesando información de la agencia TAS de la URSS y la agencia AMSA. Trabajábamos con cinco o seis agencias siempre con las características de *El Siglo*, que es la voz pública del Partido Comunista.

Había una línea editorial importante y nosotros publicábamos mucha más información que otros diarios. En esa época, me acuerdo, estaba la Guerra de Vietnam, nosotros interveníamos bastante y recibíamos cables extranjeros de la UPI y cambiábamos las palabras, como cuando ellos ponían "guerrilleros comunistas", nosotros poníamos "patriotas vietnamitas". Luego ocasionalmente en el diario *El Siglo* me tocó cubrir deportes y economía. Mis escuelas fundamentales fueron internacional y economía.

¿En qué consistía concretamente el trabajo de editor de las páginas internacionales?

El trabajo de editor consistía fundamentalmente en que nosotros nos reuníamos temprano en la mañana con el director o subdirector del diario, que eran cargos políticos otorgados por el Partido Comunista, y veíamos con ellos la orientación a dar a la información internacional. Estábamos muy atentos a los teletipos, se escuchaba radio prácticamente todo el día y así íbamos viendo cómo organizar la información a dar y la pauta a seguir: introducir bastante información de los países de América Latina, los países socialistas de Europa y los grandes temas de la política mundial, enfocada también a los países que impactaban al resto como Estados Unidos, Francia, Cuba y otros países. Siempre con la mirada crítica del Partido Comunista que no apoyaba al 100% a las tropas castristas de ese momento o los Tupamaros en Uruguay. Era más o menos eso: nosotros organizábamos la jerarquización de los temas con las páginas que se nos asignaban. ¡Teníamos una relativa autonomía! Para mí fue un aprendizaje interesante, porque paralelamente aprendí a diagramar, no siempre me correspondía hacerlo, pero me interesó desarrollar este aprendizaje y todo lo que incluía, las técnicas de impresión de la época, se trabajaba con plomo y rotativas técnicas *offset*. Todavía no llegaban las técnicas más modernas.

¿Cuáles fueron justamente las técnicas de diagramación más importantes de esa época?

Normalmente se trabajaba sobre la base de una nota con encabezado con apoyo gráfico. Nosotros, en *El Siglo*, lo hacíamos muy simple, porque *El Siglo* no era un diario con grandes recursos en esa época. La agencia UPI tenía la radiofoto, entonces nosotros trabajábamos con material de fotografía donado por la agencia Latina TAS y material gráfico de la embajada de Estados Unidos. No había tanta exigencia como ahora y teníamos en esa época dos o tres caricaturistas que dibujaban; de repente, había los "clichés" (placas de metal), había fotos que se repetían de ciertos personajes y esta foto se utilizaba cada vez porque no había otra. Y en *El Siglo* teníamos despacho de páginas en la mañana, quiere decir que en la mañana se despachaba esa página, se dejaba lista el día anterior. Esta página no tenía información tan relevante. A veces se incluía publicidad, no publicidad comercial, sino avisos de reuniones de sindicato, reuniones del Partido Comunista; a veces no había espacio para las noticias, porque la publicidad era muy importante, pero *El Siglo* no tenía las presiones como otros diarios, *El Mercurio* por ejemplo, que debe poner publicidad comercial en una página entera.

¿Y la parte de reportaje de economía cómo se organizaba? ¿Y cómo se escribían los artículos?

Normalmente, en esa época se reporteaba directamente en los ministerios de Economía, Hacienda y Agricultura, que estaban los tres en la calle

Teatinos 120. En los pisos superiores existían y existe hasta el día de hoy una oficina donde se juntaban todos los reporteros. Le decían "La Ruca", porque el ministro que la donó tenía como apodo "Ruca Vergara". Y ahí la información era bien estandarizada: todo el mundo recibía la misma información, los comunicados llegaban de empresas de Fomento Fabril, la información era dada generalmente por los secretarios de los ministerios que venían a la oficina y discutían con los periodistas. Otra oficina fundamental era la DIRENCO, Dirección de Industria y Comercio, que desapareció con la dictadura; allí todas las informaciones económicas importantes eran dadas y dirigidas, hasta 1973. La economía chilena estaba centralizada y la DIRENCO decía cuándo subía el pan, el boleto de transporte, etcétera. Los precios del mercado y todo estaba allí. Nosotros hacíamos también coberturas fuera del mercado y de las noticias estandarizadas, nos vinculábamos mucho con los equipos del Partido Comunista o de otros organismos de izquierda que tenían visiones críticas de la economía, como el Instituto de Economía de la Universidad de Chile y gente o asesores económicos de la CUT. En ese momento, la CUT y el Partido Comunista tenían una relación muy fuerte y a nivel económico era bastante crítica la visión.

¿Cómo se escribe un artículo para un diario con una visión política?

Nuestra base era la pirámide invertida y el objetivo del diario *El Siglo* era ser la voz del Partido Comunista. Nosotros intentábamos situar la médula de la noticia con los intereses del Partido. Por ejemplo, el presidente de la CUT, militante del Partido Comunista, votó esto. La objetividad estaba presente buscando que la opinión o percepción del reportero no apareciera en el traspaso de la información. Para eso estaba el editorial, que daba una introducción. El juicio de valor se introducía en las opiniones no como periodistas sino llamando a un dirigente de la CUT o del Partido Comunista. Es un periodismo de trinchera, respetando la pirámide de información y el modelo anglosajón.

¿Cómo se vinculaba el diario con su público?

Habría que precisar que los periodistas eran universitarios, pero *El Siglo* tenía periodistas obreros, que el diario vinculaba al trabajo.

Honestamente, a veces eran malos periodistas, no informaban, sino que hacían propaganda. Había que estar atento con ellos, pero eran una buena escuela en el diario *El Siglo* por sus características y, cuando trabajaba en la crónica, me tocó hacer varios reportajes de tomas de terreno en la base, lo que era bastante intenso en esos años, o también la Reforma Agraria. Pero siempre había una orientación dada por los militantes del PC en el mundo obrero y agrícola, sin manipular la información.

Guillermo Saavedra

El "Búfalo", una épica periodística

Contexto de entrevista

Entré en contacto con Guillermo Saavedra, apodado "El Búfalo", bajo los consejos de Manuel Gárate Chateau, en aquel entonces doctorando en la Escuela de Altos Estudios en Ciencias Sociales de París (EHESS). Manuel había conocido al periodista en la capital francesa, y me habló de su trabajo en distintas salas de redacción durante la Unidad Popular (*El Clarín*, *Puro Chile*, *El Rebelde*, entre las más conocidas). Así, aproveché un viaje a Francia para contactarlo, el 16 de septiembre del 2010. Si bien Guillermo Saavedra se mostró favorable a una entrevista, descubrí durante el primer encuentro que había preguntado a Manuel Gárate Chateau los pormenores del proyecto doctoral. El encuentro se desarrolló en el departamento de Guillermo Saavedra, en la periferia cercana a París. El salón rebosaba de libros y documentos de todo tipo, así como de fotos personales. En ese sentido, fue difícil hacer vínculos directos entre esos documentos y el Chile de la Unidad Popular o el exilio.

¿Podría hacer un retrato autobiográfico de su vida hasta el '73?

La verdad es que mi vida empezó como militar. Bueno, yo no pude seguir como militar, sino que me entusiasmé más por el periodismo. Ingresé en el diario *Clarín*, yo hablo de esto en el año 67, y ahí conocí a todos estos próceres que en la época eran "El Gato" Gamboa, "El Bigote" le decían algunos otros, el "Chupa'o", todos nombres así bien simpáticos... "El Paco" Lira, Eugenio Lira Massi, etcétera. Pero yo era el secretario de dirección y encargado de las maquetas por la publicidad. Y, poco a poco, en este *training* simpaticé mucho con José Gómez López. Me decía:

– "Oye, ¿por qué no te metes a periodismo? Tú escribes…".

Porque siempre a mí me gustó escribir poesía. *[…]* En el mismo período yo hacía paracaidismo. Entonces, un día le propuse hacer un reportaje de paracaidismo, pues siempre hablaban de todos los deportes, pero nunca del paracaidismo. Me dijo:

– "Bueno, pero ¿por qué no lo haces?".

Entonces hice el reportaje del paracaidismo, y a partir de ahí mi vida empezó a cambiar, porque me dijo:

– "Oye, ¿por qué no te haces esto?".

Y un día me mandan a una población, así… Y llovía y todo, y me llaman:

– "¿Por qué no vas a esto? Una población donde hay inundaciones".

Bueno, voy a la población, y empiezo a ver que era una población donde no había calle, había puro barro, ¡terrible! Y había unas casuchas, y en una casa veo que hay una puerta, una puerta con unos muros medio caídos... Y siento llorar. Golpeo y abro la puerta, y ¿qué veo en esa puerta cuando se abre? Una cama al medio. No había techo y en esa cama estaba una mujer con dos niños, y los niños llorando y todo lleno cubierto de agua. Y eso me golpeó terriblemente, y yo dije:

– "Pero ¿cómo es posible señora? Y ¿cómo está usted aquí?".

– "Sí, porque mi marido anda buscando trabajo, y yo no tengo qué darles a mis niños".

Entonces, yo andaba con un abrigo, me saqué el abrigo, le di todo lo que tenía en dinero. Y me fui al periódico, y le conté al "Gato" Gamboa, llorando. Y le dije:

– "¿Cómo es posible eso?".

Entonces, el Gato me dijo:

– "Bueno, aquí tienes una oportunidad. Por qué no te pides... ¡Vamos a pedir fonola!".

"Fonola" son para el techo. E hicimos una gran campaña de "fonola". Y llegamos después como para cubrir dos mil casas, dos mil pequeñitas casitas con fonola. Esa fue mi primera operación, pero yo ya era militante del MIR. Es decir, para mí no había llegado el momento de llegar a la población. ¿Por qué? Porque estábamos en pleno período de preparación militar para las expropiaciones militares. Entonces, empieza esa campaña y con esa campaña comienza todo a activarse, y poco a poco, viene "El Paco" Lira y me explica:

– "No, oye huevón, si tienes que escribir así, lee esto".

Porque en ese período, era el periódico que se hacía, no era todavía un periodismo, como se dice, militante. Era un periodismo profesional, de información. Y cada vez que se terminaba el periódico, nos juntábamos todos ahí en Dieciocho con Alameda, no me acuerdo el nombre del restorán, y ahí estábamos hasta las 3, 4, 5 de la mañana, y al otro día, algunos volvíamos al diario, dormíamos en el diario, y pasábamos tres o cuatro días en el diario sin volver a la casa. Eso era un poco la vida bohemia de los periodistas, en la noche...

¡Y se buscaba quién golpeaba al otro! Era una cosa muy profesional, en que había un veto profesional, el uno al otro, lo mismo si el otro era en *El Mercurio*, que todos sabían que era un diario que leía la burguesía solamente, entonces los periodistas decían: "Bueno, si yo trabajo ahí, pongo lo que puedo". Entonces, todos los periódicos de izquierda era golpear a *El Mercurio*. Empezó a pasar el tiempo, poco a poco... Hay que contar que había pasado la elección donde Salvador Allende había perdido por 30.000 votos. Y ya empezó, en ese período, un elemento muy importante que comenzó a entrar al interior, una discusión ideológica que no existía antes. Antes el periodista escribía sobre la cuestión política... Pero no estaba la ideología presente. Y Salvador Allende, en la izquierda en esa época, consolidó ese proceso con sus discursos de perspectivas políticas, alternativa política y sobre lo que es una táctica y una estrategia. Y ahí, el MIR empieza en ese período a desarrollar lo que era verdaderamente, a explicar lo que era una alternativa política y que no se pretendía llegar al parlamento, lo que se pretendía era cambiar la sociedad.

[...]

Esta vez era un proyecto nuevo de sociedad en lo que empieza a aparecer junto a Salvador Allende, el MIR, el Partido Socialista, y una parte del Partido Comunista. A partir de ahí, los periodistas empiezan ya a tomar cada uno su trinchera, como se dice... Poco a poco, viendo que ya había una consolidación, *[...]* el MIR empieza a trabajar y a hacer conocer en Chile lo que era fundamentalmente el "campesinado", que era un desconocimiento en absoluto, del conjunto el pueblo chileno. La explotación del campesino, el latifundista, y se crea el Movimiento Campesino Revolucionario [*MCR*]... Y aquí el MIR jugó un papel muy importante. Yo participé de eso, porque íbamos al sur, y ahí creamos un periódico en donde hacíamos las letras, o nosotros les enseñábamos a leer a los campesinos. Yo mismo hacía las fotos y las diapositivas con películas, rollos que nos regalaban... Es un elemento importante de solidaridad de la gente: ¡poder servir a algo! Íbamos explicando lo de los campesinos, hasta que hacíamos un periódico del *MCR*, que estaba con las letras de los campesinos. Desgraciadamente, no queda ninguno de esos hoy día, pero bueno... Y empezaron a aparecer las primeras, podemos decir, portavoces del pueblo, en definitiva. Ahora, el diario *Clarín* era un periódico del pueblo, pero un periódico del pueblo populista en donde lo único que entregaba eran noticias, chistes, se reían de uno, se reían del otro. Indudablemente, denunciaba también pero no había ese elemento más importante que eran las cuatro preguntas. Porque un periodista tiene que siempre decir ¿dónde?, ¿cómo?, ¿cuándo? y ¿por qué? Son los cuatro elementos más importantes, fundamentales. Y en ese período, se denunciaba todo eso. Entonces, luego me tocó con los periodistas Eugenio Lira Massi y José Gómez López. Y se crea *Puro Chile*. Me llaman un día y ya ellos me decían "El Búfalo".

¿Por qué lo llamaban así?

Porque en esa época estaban muy de moda esas chaquetas con estas cositas colgando así y todo eso, y todo el asunto *[describe con las manos]*; entonces, yo me compré esa chaqueta. Y con mis bigotes que yo tenía, el "Pepe" Gómez, el José Gómez López me dice: "¡Aaaah! Te pareces al Búfalo, ¡huevón!". Porque era la forma de hablar allá. Y ahí quedé como "El Búfalo". Entonces me llaman *[Eugenio Lira Massi y José Gómez López]* y me dicen *[a tono bajo como para decir un secreto]*: "Oye, Búfalo, huevón: vamos a crear un periódico, pero no le digas a nadie, porque si le cuentas a alguien, te reviento las...". Entonces, le dije: "Pero, ¿cómo se te ocurre que voy a contar?", porque ya en este período él me tenía mucha confianza, porque ya el MIR había hecho acciones, y en una de esas yo era "el nexo" con los miembros de la comisión política, en donde se conseguían las entrevistas políticas de un lado hacia otro. Y el "Pepe" Gómez me tenía mucha simpatía. Entonces, me voy, dejo *El Clarín*.

Tenía más o menos un puesto interesante en *El Clarín*, pero me interesaba más esa aventura. Ahora, en ese mismo período, cuando me dice que se va a crear un diario, ya en el MIR me dicen: "Oye, Búfalo, tenemos que crear el periódico revolucionario que se va a llamar *El Rebelde*". Yo respondí: "Bueno, sin ningún problema, vamos a crear el periódico revolucionario".

En esto ya yo conocía a periodistas que yo no sabía que eran militantes del MIR. Estaba José Gómez; José Carrasco, que le decían "El Pepone", "El Guatón Pepone"; en seguida estaba el sobrino de Salvador Allende, Andrés Pascal Allende, y le decíamos "El Pituto", porque como era su tío el presidente... Entonces, bueno, todos esos nombres... Y "El Baucha", Bautista Van Schowen, que entra también a escribir en el periódico, y él hacía también los editoriales de las más puntudas, del punto de vista político, ideológico, y le decíamos "El Vieja" en el MIR.

En eso se establece el *Puro Chile*, y en el *Puro Chile* se crea una cosa muy simpática que salía todos los días: "El huevo de Oro". El famoso "huevo de Oro". Y aquí estaba un tipo que hacía los dibujos de "El huevo de Oro", genial también. *[...]* Entonces, él le daba "El huevo de Oro" al político más imbécil, en el diario se decía "El que dejó la cagá'". Y en esto, aparecía siempre "El Enaco". "El Enaco" merece "El huevo de Oro". "El Enaco" quería decir "El Enano Conchasumadre".

Pero se vio en ese momento, cuando aparece *Puro Chile*, justamente la necesidad de tener un periódico... Porque hay que considerar que, en Chile, en este período, estaba *El Clarín, El Siglo;* había una serie de revistas mensuales que también eran un poco de información y de opinión; y para la juventud, que había también otras que no recuerdo ni el nombre. Y había estos semanarios, una cantidad enorme *[apoya esta palabra con énfasis de tono]* de periódicos, revistas, semanarios y todo eso. Y se empieza entonces a tomar conciencia de la necesidad de empezar a dialogar desde el punto de vista de lo que es verdaderamente la situación en Chile.

[...]

Ahora, yo pienso, no es porque yo había sido del MIR, pero estoy convencido de que el MIR fue uno de los impulsores de esta política, y de esta ideología, es decir, insertar en el interior del conjunto, de la masa como también de los diputados, senadores y otros políticos, la cuestión ideológica. Entonces, *El Rebelde* empezó a aparecer, salía cada quince días. *El Rebelde* lo hacíamos los militantes. Y ahí escribían plumas como Mauro Amarini y André Gunther Franck y muchos otros, pero eran hombres que hablaban sobre el acontecimiento y el quehacer político e ideológico. Mientras tanto, *El Clarín* y *Puro Chile* seguían en ese camino populista, pero también denunciaban. Bueno, y una revista que había aparecido ya, que se hace muy popular, es *Punto Final.* Esta revista empieza a jugar un papel importantísimo en todo lo que es la clase intelectual, si se puede decir, de izquierda, con artículos sobre situaciones, ¿qué es el Estado?, la economía, etcétera, etcétera... Y ahí, cada semana, *Punto Final* empieza a integrar, y empieza a venderse, etcétera, etcétera... Y yo colaboré después con *Punto Final.* Entonces ahí conocí yo una cantidad de gente, intelectuales magníficos, extraordinarios. Y en *Prensa Latina*, que empecé a trabajar en ese período también. Bueno, con mucha suerte, desde el punto de vista de que yo no sabía en ese período que estaba trabajando en órganos que quedan en la historia hoy día, indudablemente.

En la medida en que yo iba dando estos pasos, yo también me fui formando, porque yo no sabía quién era, por ejemplo, Rosa Luxemburgo. Conocía un poco de Hegel, un poco de Ludwig Feuerbach, un poco de todo eso... Pero después empiezo a leer a Marx, Engels, Lenin, Trostky. Y fundamentalmente, lo que empieza a jugar un papel muy importante, lo que fue la Revolución Cubana. Lo que fue también en 1964, en Brasil, con Joao Goulart, el golpe de Estado... Hay que considerar que, compuesto de veinticinco países, hubo desde 1964 a 1973 veintitrés golpes de Estado. *[...]* Y el último golpe de Estado fue el de Argentina, en 1974.

[...]

Todos estos elementos hacen que la prensa, en definitiva, empiece a radicalizarse, como se dice. Sobre todo, en los artículos, el cómo, el cuándo, el por qué. *[...]* Y en ese momento, empieza a vehicular este mismo mensaje al pueblo. Y el pueblo empieza a adquirir esa madurez, en donde en las casas, en los barrios de poblaciones, uno encontraba en las mesas la revista *Punto Final* y en muchos casos *El Rebelde*. Entonces, es muy importante eso. Ahora, el papel que jugaba todo esto, los periodistas se daban cuenta de este problema porque nosotros, por ejemplo, todos los periodistas que estábamos comprometidos en este caso, si teníamos que trabajar cuarenta, cincuenta horas *d'affilée*, lo hacíamos. Yo me recuerdo que cuando ocurrió el asesinato de Schneider, y yo estaba en el MIR en esta época, yo tenía mi aparato fotográfico y todo, y me prestaron un teleobjetivo de 1000 mm; en esa época era uno de los pocos que tenían... Y entonces, haciendo una investigación de los militares que estaban, eran los más corruptos, y que estaban implicados en el golpe de Estado. Nosotros sabíamos ya en el MIR toda esta situación. En esto, nosotros entregábamos informaciones a los periódicos, y yo trabajé *d'affilée*, me acuerdo, más de sesenta horas sin dormir. En los tejados, escondido, tratando de tomar con teleobjetivo, a distancia, las reuniones de los militares. Ahora en esta situación, yo hablo ya cuando vino la victoria de Allende, en 1970. Fue ahí cuando asesinan para impedir que Allende llegue al poder.

Esto llevó entonces a una radicalización fundamental *[enfatiza la palabra]*, lo que eran los periódicos de derecha, y lo que eran los periódicos de izquierda. Entonces, ya empieza en esta situación a verse claramente quiénes eran los periodistas que estaban comprometidos, pagados a sueldo. Ya no era un problema de información, era un problema de compromiso: o vender su pluma a la derecha o un compromiso con los trabajadores, con el pueblo. Pero tampoco era una cuestión de comunismo, marxismo neto, sino que era una situación en que había que cambiar la sociedad; todo el mundo deseaba una nueva sociedad. Indudablemente, estaba muy implicado el problema del guevarismo. Porque el "Che" en América Latina es un elemento muy importante sobre lo que fue su vida. Ya ahí viene el problema de la prensa, donde se radicaliza e inclusive al interior mismo de la prensa, tiene otra radicalización entre los periodistas que eran reformistas y los periodistas que eran revolucionarios. Y en la derecha igual: entre los periodistas que eran democráticos, y los periodistas que eran reaccionarios, que llamaban abiertamente a la reacción, al golpe de Estado.

Comienza este camino, y aquí se jugó un rol muy importante: el papel. *[...]* Empieza a faltar el papel, y en Chile Allende se da cuenta de eso, y se crea la papelera en Osorno, en el sur de Chile, en donde Chile empieza a producir su propio papel. ¿Por qué? Porque en Puente Alto había otra papelera pero que pertenecía a Alessandri, que era la reacción. Entonces, había problemas en que el stock de papel no estaba en ese momento, y los periódicos populares no podían hacer tirajes más de 120.000 ejemplares. Pero ya 120.000 ejemplares, en esa época, cuando Chile era un país con 10 millones de habitantes, era extraordinario para un periódico, considerando que existían otros periódicos en el sur de Chile, también de izquierda. *Clarín* tiraba como 180.000-200.000 ejemplares; *Puro Chile*, 150.000; *El Siglo*, 80.000. Más *Punto Final*, y una serie de otras revistas que eran de izquierda. El problema del periodismo empieza a verse en esta situación, respecto a lo que es el análisis político-ideológico. Hay un elemento importantísimo: son muy pocos los periodistas que lo han considerado, porque la Guerra de Vietnam mostró la importancia de esta lucha, de la información.

[...]

¿Qué es lo que se hace en Palo Alto? En Palo Alto se analiza la situación de América Latina, que es muy importante. ¿Por qué se analiza? Porque dicen que aquí en Chile está la cabeza pensante más importante de América Latina. Entonces, si nosotros no damos el golpe de Estado y no cortamos la cabeza, perdimos. Si cortamos esa cabeza, tenemos treinta años de tranquilidad. ¿Por qué? Porque para poder crear elementos ideológicos, poder desarrollar dirigentes nuevos, se necesitan diez, veinte años. Entonces, ¿qué es lo que pasa entonces? En Palo Alto deciden dar este golpe de Estado, pero ese golpe de Estado está acompañado con lo que hoy está de moda, el neoliberalismo, que es una ideología para combatir las otras ideologías. No es una ideología que aparece para estar a la altura de las otras. ¡No! Esta ideología, utilizando este método... ¿Por qué utilizan este método? Porque este método lo usan primero los publicistas.

[...]

Con una forma de empezarse, con una represión, inclusive, a adormecer al pueblo. Desaparecen todos los medios de comunicación de izquierda, quedando solamente los consorcios de derecha. Y en esta cuestión, aparece el gran capital, viendo la necesidad no solamente de hacer que vamos a ganar plata, sino que vamos a meter nuestras ideas y nos van a pagar por eso. Vamos a crear la multinacional de la comunicación. Aparecen las multinacionales de la comunicación, primero en Chile. Y a partir de ahí empiezan entonces los periódicos, los consorcios a apoderarse de los pequeños que están decayendo. Vamos a presionarlos con la publicidad: no hay publicidad, el periódico se va a la cresta.

De esa manera, con la publicidad, los diarios dependen de ella, y la información pasa a ser ahora un elemento de propiedad. Ahora, ya no es información. Y aquí aparecen los primeros pasos en donde se empieza a decir ¿dónde?, ¿cómo?, ¿cuándo? Y no se dice nunca más *[enfatiza]* ¿el por qué? Esto es muy curioso, porque la gente en definitiva no se da cuenta de esto. Nadie se pregunta por qué. Luego que aparece eso, hay que considerar que pasan cinco o diez años, todo esto. Los periódicos empiezan a bajar la venta, porque el obrero, el trabajador, ya no está en las páginas del periódico, ya no hablan de él. Hablan de lo que está pasando en India, de lo que está pasando allá, etcétera... Entonces, pasa un elemento de lo particular de la información a lo general. Y de lo general pasa a lo abstracto. ¿Por qué a lo abstracto? Porque llega un momento dado en que no nos interesa más. Entonces, toda la información empieza poco a poco a caer de esta manera de que, hoy día, tenemos una cantidad enorme de información. Pero desgraciadamente yo pongo el Canal 2, lo cambio al Canal 1, después escucho el Canal 3, después Euronews, y todo, y está toda la misma información, siendo que hay un millón de elementos que no se tocan. El problema de los pueblos, del pueblo mapuche, por ejemplo, que hace sesenta días... Si no hay algo extraordinariamente grave como eso, entonces, ¿qué pasa? Que hoy día las democracias han creado una nueva forma de democracia que está al interior de la democracia, claro... Pero el caso de los "pingüinos", por ejemplo, en que se hizo un muro, en que todos los días estaban en la calle, salían, gritaban y todo, pero nadie sabía qué estaba pasando en los periódicos, nadie decía eso de los periódicos.

A la vuelta de la democracia, los dirigentes empiezan a aplicar esta política a los periódicos y revistas que había en Chile, los quiebra: *Fortín Mapocho*, *Apsi*, *Análisis*, *Hoy*, y vamos contando. Y el único que va quedando es *Punto Final*. Desde este punto de vista, lo que es la prensa en el año 1973, durante todo ese período, era una prensa de combate, una prensa de periodistas fundamentalmente profesionales, pero de una creatividad fantástica... que eso hace que hoy día estén presentes los mismos, si no están desaparecidos ya. ¿Por qué? Porque hoy día no existe ningún tipo de periódico de este tipo.

[...]

Yo pienso que ha habido una democracia más importante que la que había justamente en el año 73 hasta el golpe de Estado, perdón, en el año 70 hasta el golpe de Estado. Porque había una posibilidad de conocimiento de todo, de lectura, y el pueblo chileno, en ese período, era uno de los pueblos más cultos políticamente de América Latina. En los años 70, ocurría algo y a mí me mandaban a hacer un reportaje, hacer la investigación. Entonces nosotros íbamos preguntando en las calles, "mire señora yo soy periodista..., ¿qué le pasa a esto?", y siempre aparecía un "¡claro, sí!". Por ejemplo, una vez estaba un tipo que mató, en un baile, a otro en una pelea a cuchilladas. Entonces, fuimos a buscar al tipo que mató... Empezamos a indagar, y nos dicen:

– "Sí, si lo conocemos al que lo mató, está ahí en el bar de la esquina".

Fuimos al bar de la esquina, me dicen:

– "No, se acaba de ir".

– "Ah, se fue y ¿no sabe dónde vive?".

– "Sí, ahí en la casa, en la otra, en el otro lado vive".

Y vamos a la casa, golpeamos *[imita el gesto y golpe de la mano sobre la mesa]*:

– "Mire señora, buscamos...".

– "No, hace días que no sé a dónde está, no le veo".

Salieron unos cabros chicos corriendo, jugando. Nos acercamos a los cabros chicos, les regalamos un peso:

– "Oye", les decimos, "¿y a dónde está tu papá?".

– "Está escondido, está en la casa, pero no hay que decir" *[risas]*.

Entonces, vamos a la casa y le dijimos:

– "No señora, somos periodistas, nosotros ¡a lo mejor le salvamos la vida a él!".

Y entrevistamos al tipo, te fijas. En otra ocasión, igual, parecido... Fuimos buscando al tipo y llegamos a un boliche... Un boliche de esos botados, te fijas. Y entramos y el tipo que estaba en el bar... Cuatro mesas tipo western, así adentro el sol entraba como la lluvia... Había dos tipos sentados por ahí, otro allá, puros gallos, todos en la mesa tomando vino y le preguntamos:

– "Mire, ¿quién es el señor tanto tanto?".

Y el tipo que está en el bar nos decía así con miedo [*baja la voz*]:

– "Está en esa mesa".

Y vamos a la mesa. Se paran otros tipos de la mesa:

– "Si quiere salir caminando, no se meta".

– "Pero señor, nosotros somos periodistas".

Y la María Eugenia, la otra periodista, no se daba cuenta de la gravedad de la situación:

– "Sí, pero ¿cómo pasó? Cuénteme... blablablá".

Y el otro la agarra y le dice:

– "Yo creí que...".

Ahí la otra empieza a tiritar y todo... ¡Y salió corriendo! Salimos, vamos al auto, llegamos al periódico y yo le digo a José Gómez López:

– "Mira, nos encontramos con el asesino y resulta que bueno pasó esto... blablablá".

– "Bueno", me dijo, "ven, vamos, con el auto".

Al chofer: "llévanos pa' allá, ¡huevón!".

Y lleva el auto... llegamos allá y entra en ese bar. Llega y le dice al tipo, al camarero, al que vende ahí...

– "¡Dos botellas!".

Se instala en la mesa y le dice:

– "Bueno, ¿quién fue el huevón que lo mató?" *[risas]*.

Te lo juro, si era genial ese Gómez López... Los otros quedaron así:

– "Bueno", dice el otro, "si no fue de adrede".

– "Y ¿cómo huevón?, ¿qué le hiciste huevón? ¡Cuéntame! Bueno, yo te voy a salvar acá... Yo soy el director aquí".

Yo estaba con la máquina fotográfica.

– "¡Ya Búfalo, tómale fotos!".

Imagínate poh, tomarle fotos al tipo que la policía lo buscaba... Y yo le tomo fotos al tipo y el otro riéndose y empieza a contar todo *[risas]*.

Empezó a relatar esa anécdota diciendo "me mandaron a hacer un reportaje". ¿Cómo se elegía ese tipo de cosas, los temas...?

Es que ese era el problema: la gente llamaba al periódico. Aquí tú vas y llamas a la radio, y es imposible comunicarte con un periodista. *[...]* El periodista aquí es un elemento que yo considero que es el tipo más burócrata que existe, es impresionante. Allá no, allá llamaban al diario y le decían:

– "Mire, está pasando esto y eso...".

Había dos tipos en el teléfono y recibían los llamados y decían:

– "Oye, está quedando la cagá".

[...]

Entonces, yo estaba allí, como encargado de la maqueta, todo eso, y llega el tipo y dice:

– "Oye está quedando la cagá, huevón, en la población", dicen.

– "Que hay agua por todos lados, y ¿por qué no van allá a hacer un reportaje?".

Allí estaban el "Gato Gamboa" y el guatón, el "El Chupa'o". Entonces me dicen:

– "¿Oye Búfalo, te atrevís a ir, huevón?".

– "Pero claro, ¡cómo no voy a ir!".

– "Ya huevón, vaya".

– "Ya".

Y llaman al chofer del auto, porque en esa época los periódicos tenían dos o tres autos a disposición, que estaban allí ya, y salíamos. Y voy con el chofer a la población, el lugar. Para llegar a esos lugares era... En esa época, las calles, los hoyos, saltando. Y llego a esa calle, imagínate, uno acostumbrado a estar en la "ville" con los zapatos llenos de barro... Impresionado por lo que vi. Entonces bueno, y allí empieza esa situación... Yo te cuento eso porque, en definitiva, no es eso solamente lo que nosotros pasamos, porque el MIR hizo toma de terrenos, pero no quiso entrar en la cuestión periodística, y todo eso, ¿te fijas? Y cuando fuimos a hacer ese reportaje, entonces de esa manera que la gente aparecía porque los periodistas en la mañana se hacen la pauta. Entonces, el que hacía política, el que hace eso, etcétera, etcétera. Y después cuando estaba en *Puro Chile*, yo hacía "Policía". Entonces, uno cuando hace "Policía" en la mañana, temprano, iba al cuartel general de la policía y ahí una sala de prensa, entonces uno tenía un detective, un policía amigo, al cual lo invita a tomar un traguito, le regalaba una botella y ese le entregaba la información.

Entre los diferentes medios que trabajó usted, ¿había diferencia en la pauta? ¿Y en los que participaban a las reuniones de pauta?

Aquí era muy especial esto, porque en definitiva, el periódico era una familia. No es ese periódico en donde uno viene acá... Acá no, acá entraba el director en la mañana, que era José Gómez López y llegaba, y ya él cuando llegaba, ya se había leído todo, todos los periódicos o escuchado las noticias. Entonces, llamaba a todo el mundo y decía:

– "Aquí hay que golpear. Ya, ¿quién tiene información? Ándate pa' allá, ándate pa' allá".

Y cuando uno de nosotros tenía información buena, íbamos donde el director y le decíamos:

– "Mira, oye, tengo esto, me entregaron esto...".

Por ejemplo, un día en la mañana llego y me llama un policía y me dice:

– "Oye, hay una niña muerta, en donde pasa el tren, en la población José María Caro. Y todavía está el cadáver, ¡anda al tiro!".

Yo parto, y le tomo fotos: y la niña estaba en el suelo, sin calzones... Todo, la habían violado, atroz... Y al lado de la línea del tren. Entonces, me voy a investigaciones y los policías dicen:

– "Sí, hubo un accidente, comunican en el papel que hubo un accidente en donde el tren atropelló una niña seguramente al pasar la línea".

Entonces yo llego allá y le entrego la crónica a José Gómez López, y después cuando veo en el periódico el título de la crónica, porque era un tipo pa' hacer el título, decía: "Según la policía, la niña fue violada por el tren" *[risas]*. Entonces, al otro día el director de la policía me llama:

– "Mira, cómo... ustedes son irresponsables...".

Y uno tenía que quedarse así no más, pero bueno. Te fijas, entonces ese tipo de cuestiones eran así, te pasaban donde los policías te llaman, te entregan la información y todo eso. ¿Por qué? *[...]* Porque cada uno de nosotros teníamos los periódicos y la radio y la televisión. Entonces, cuando yo llegaba a la oficina de la prensa, estaba la televisión, estaban los tipos con la radio. Nosotros con máquina y todo. Entonces, cuando había algo ya nos dábamos cuenta, porque el otro partía desde allá:

– "Mira este".

Llamábamos a los otros:

– "Oye, averíguate qué pasó".

Entonces, salíamos en los autos corriendo uno detrás del otro, el otro en la moto e íbamos a los lugares donde estaban para tratar de golpear al otro, siempre era así.

¿Cuál fue la motivación de esa competitividad?

En eso era una competición profesional, pero muy profesional. Desde el punto de vista de que, si yo tenía la información, yo no llamaba para nada al otro, y al otro día me encontraba con el otro *[…]* y se reía, es decir, todo terminaba… Era una cosa muy profesional. *[…]* Todo se quedaba en que el que daba la información era el mejor, siempre.

Hace varias veces que utiliza la palabra profesional, ¿qué significa para usted?

Éramos muy profesionales del punto de vista de que para cada periodista lo importante era entregar la veracidad de la información. Si había un accidente siempre se decía y se buscaban testigos, no uno, sino que cómo ocurrió: ¿usted dónde estaba?, ¿qué esto?, ¿por qué?

[…]

Siempre era la veracidad y es por eso que se iba al terreno. Yo hablo eso porque hoy día no hay ese profesionalismo, hoy día son muy pocos los periodistas que se atreven a hacer las encuestas. Me tocó una vez para un periodista francés, amigo, me dijo: "Guillermo, te propongo que hagamos unas encuestas sobre lo que son el origen y las causas del terrorismo". "¡Perfecto!, hagámoslo", le dije. Y empecé a buscar documentación sobre eso, no estaba Internet, entonces llamando, por carta. *[…]* En esta situación, tal como se da, los periodistas de aquí, con este amigo que empezamos acá a hacer la investigación, y una vez que encontramos la investigación del origen, empezamos a ver que en verdad el primer avión secuestrado, fue un avión que secuestraron los "gusanos" cubanos en Estados Unidos.

[…]

Bueno, todo ese tipo de cuestión está relacionado con un problema de que entre los países existe lo que se llama a nivel mundial la balanza de equilibrio político o ideológico, entonces cuando había un país que ganaba, socialista, al otro lado había un golpe de Estado, para equilibrar a nivel político a nivel internacional. Entonces, en esto, los movimientos y los partidos políticos son manipulados.

[...]

Bueno, te fijas que todos esos elementos tienen que ver, en definitiva, con el comportamiento de los periodistas. Y es una de las cosas por las cuales yo fui condenado a veinte años de exilio.

[...]

Mientras no haya verdaderamente hoy día otra forma de democracia *[enfatiza la palabra]*, un elemento de sociedad en donde verdaderamente los valores no sean el consumo, el periodista va a cambiar. Es decir, cuando ya el periódico empiece otra vez a venir a las manos del periodista, del pueblo, de la gente. ¿Por qué? Porque mientras estén en las manos de la publicidad, ¡es imposible! Yo tengo, por ejemplo, de la época del Colegio de Periodistas, aquí mi carta, todo eso. Cuando se instauró la carta del periodista, uno tenía que trabajar en un periódico, tener salario y tener la firma del director, y ahí surgía la carta de periodista.

[...]

¿En qué año se instauró la Carta del Periodista en Chile?

Yo creo que fue en los años 68, 69 por ahí... Y un arancel de salario también, se instauró un arancel de salario específico en cada periódico, y todo eso... Yo siempre seguí colaborando con el Colegio de Periodistas. Mandé una máquina impresora a Chile para que se hiciera el periódico en esa época. Porque "el Paco" Lira, Pepe Gómez, bueno toda esa gente, "El Chupa'o", cuando un periodista empezaba a desinformar, lo primero que hacían los periodistas era denunciarlo. Se denunciaba un periodista en una lista de periodistas vendidos, ¡periodistas vendidos! al Colegio de Periodistas, donde el Colegio de Periodistas condenó a esos periodistas. Entonces, te fijas, porque vuelvo a la cosa del profesionalismo. El Colegio de Periodistas siempre *[enfatiza la palabra]* ha sido un elemento en que ha guardado la calidad de la información e inclusive se tiró él mismo contra el gobierno de la Bachelet, *[...]* porque el gobierno de la Bachelet fue un gobierno en que verdaderamente no hubo jamás libertad de expresión; en definitiva, te das cuenta.

[...]

En aquel entonces, en los 70, en este contexto de polarización ¿había mucha intervención política?

Sí, existía un poco eso desde el punto de vista de querer controlar la información, pero en Chile lo que se llamaba el cuarto poder, era un cuarto poder *[énfasis en la voz]*. Porque era suficiente con que nosotros fuéramos a algún lugar y mostrábamos la carta de periodista o decíamos yo soy periodista, y el policía se ponía a mi servicio. Es decir, cuando yo tenía una fuente en la cual, y el policía me quería, si yo tomaba fotos o la imagen y me quería quitar la filmación o la imagen, yo me oponía y él no podía hacer nada para eso, solamente tenía que hacer un procedimiento en justicia, para llevarme a la justicia y aun así, el director Gómez López fue cualquier cantidad de veces llevado a la justicia. Pero él seguía adelante, la libertad de expresión... Es por eso que estos hombres para mí son personas muy enteras. Fueron para mí unos hombres que me enseñaron a defender la verdad, y no solamente para mí, sino que a una cantidad y otros periodistas, puesto que en esa época estaba en el *Puro Chile* la Lucía Sepúlveda, María Eugenia Camus y una serie de otros periodistas jóvenes. Hoy día son periodistas y dicen, bueno, yo aprendí ahí porque la escuela de periodismo no enseñaba esto, no enseñaba a ir y combatir. Muchas veces me quisieron quitar mi máquina cuando yo había tomado cosas y yo no. Me matan, pero no me quitan la máquina.

Ernesto Carmona
La política de la profesión de periodista

Contexto de entrevista

Decidí proponerle una entrevista a Ernesto Carmona bajo los consejos de Franck Gaudichaud, politólogo de la Universidad de Grenoble (Francia), especializado en los movimientos sociales y los cordones industriales durante la Unidad Popular[60]. El académico francés me había recibido para trabajar sobre las perspectivas de mi trabajo de campo, y me indicó varios nombres entre los cuales figuraba el de Ernesto Carmona y su trabajo en *Punto Final.* Durante el primer encuentro, en noviembre del 2007, el periodista me prohibió grabar la conversación, pero aceptó evocar las perspectivas de investigación, insistiendo en la necesidad de ubicar la pregunta en la historia de la izquierda chilena. Después de ese primer encuentro, en el que claramente me sometió a prueba, aceptó realizar otras entrevistas grabadas. Empezamos ese trabajo en diciembre del 2008 para terminarlo en marzo del 2009. Cada vez él me recibió en su casa, y más precisamente en su escritorio. Una pieza oscura cuyas paredes estaban cubiertas de repisas desbordadas de periódicos, documentos amontonados en carpetas, libros sobre la historia latinoamericana, sobre el pensamiento marxista y sobre el periodismo o los medios de comunicación. Una muestra fehaciente de la fuerza del compromiso político del entrevistado, y también de su anclaje profesional. Sobre la mesa, algunas tazas de café y ceniceros

[60] Franck Gaudichaud, *Chile, 1970-1973. Mil días que estremecieron el mundo*, Santiago de Chile, LOM Ediciones, 2016.

con colillas ponen en evidencia la vida activa de ese lugar. Pareciera que el periodista estuviese escribiendo en permanencia, llamando por teléfono, desmenuzando documentos y archivos. Aquello otorga un toque romántico a su figura, como una encarnación del periodismo vocacional. Durante las entrevistas, Carmona fuma y es siempre afanoso: busca documentos en carpetas para apoyar su propósito, hurga en las repisas. Muestra pasión y paciencia. En varias oportunidades, Doris Jiménez, su compañera, entró en la pieza para buscar algo, aportando a la entrevista, con precisiones u opiniones. Se vislumbra aquí una verdadera ética, en el sentido de una forma de vida: el ejercicio del periodismo va más allá de una profesión o hasta de una vocación, en el caso de Ernesto Carmona; es un cotidiano, una tarea constante, una manera de ver el mundo. Las entrevistas transcritas aquí tuvieron lugar el 16 de diciembre del 2008, el 24 y el 31 de marzo del 2009.

¿Podría hacer un retrato autobiográfico de su vida hasta el '73?

Mi padre era presidente de un sindicato de la industria textil, en Chiguayante, Concepción. Me crié en varias ciudades, pero donde se me despertó el interés por las ideas políticas y por la lectura fue en la adolescencia, entre la niñez y la adolescencia. Y eso ocurrió en Coronel, que es una ciudad minera, una pequeña ciudad donde estaban las minas de carbón... Ahí yo estudié en la secundaria. Llegué a vivir ahí con mi padre, y ahí se me planteó la idea de ser periodista, cuando estaba en primer año del liceo, de la secundaria. Pasaba todos los días por una casa que tenía una placa de bronce que decía "Diario *El Carbón*". Pero ese diario ya no existía hace años entonces; mis amigos me señalaban: "Tú vas a hacer de nuevo el diario *El Carbón*".

Pero la verdad es que yo me vine de ese lugar de Coronel a Santiago, el año '61. Tenía diecinueve años y la intención de estudiar y convertirme en periodista. Comencé a trabajar en *Prensa Latina*, como mensajero. En ese tiempo recién existía el teletipo, pero *Prensa Latina* era la agencia cubana que fundó el Che Guevara, y no tenía teletipos. Tenía sistemas de telégrafo Morse, o sea, había un operador que escuchaba. Esos trabajaban en el Correo y hacían horas en *Prensa Latina*. Entonces ellos escribían lo que escuchaban y después alguien lo revisaba. Había huecos, a veces había que consultar la palabra exacta cuando eran temas delicados. ¡Era bien primitivo! Y eso se imprimía, varias veces al día, y se repartía por los medios. Los medios que estaban todos en el centro de Santiago, y había un par de rutas. Y ese servicio se regalaba, no se pagaba, digamos que era propaganda, pero "propaganda informativa", porque había información. Bueno, y seguí estudiando, terminé mi bachillerato y entré a la universidad. Y comencé a trabajar en periodismo el año '64, mientras estaba estudiando.

[...]

Trabajé justamente en la campaña de Allende del '64 que fue su tercera. Ahí yo tenía dos problemas de conciencia fundamentales: uno era cómo llegar a la revolución sin enfrentamientos armados. Entonces me interesó mucho la política del Partido Comunista de vía pacífica al socialismo, y eso me dio cierta tranquilidad, porque Allende en verdad representaba eso, ¿no? Una vía pacífica para transformar la sociedad y es una vía, a mi juicio, imposible. Nunca fui militante del Partido Comunista. Pero cuando era joven, nunca entendí la ideología de los socialistas. La libertad personal, individual, me parecía que el Partido Comunista la lesionaba mucho. Porque sabía yo que los comunistas se metían hasta en la vida privada de los militantes, con quién se acuesta..., se metían en todo eso. Eso no me gustaba, así que nunca milité. Solo milité en el MIR. Pensaba el MIR que la violencia era inevitable, porque la iba a desencadenar la otra gente. Pero el MIR tampoco estaba preparado para eso, sino que era demasiada vanguardia.

[...]

El ejército chileno, las Fuerzas Armadas chilenas, tú ves que son muy de derecha, muy estratificadas, y no se rescata en América Latina ni hasta el día de hoy, militares del tipo de Chávez... *[comienza a apasionarse con el tema]* que han existido en América Latina, por ejemplo: el brasileño Luis Carlos Prestes fue capitán, cuando hizo esa marcha que recorrió 20 mil kilómetros; el de Guatemala, Jacobo Arbenz, también era un ex-oficial que hizo la Reforma Agraria y lo declararon comunista y lo derrocaron, con una invasión aérea en el año '53. Después estuvieron unos casos así que pasaron muy desapercibidos por la prensa, pero en Perú hubo un gobierno militar de izquierda en los años '60-'70 del Chino Velasco, del general Velasco Alvarado; y en Bolivia también hubo un gobierno del general Torres que fue uno de los enemigos militares del

Che. Fue presidente y lo derrocaron, y lo asesinaron en Buenos Aires después. Entonces hay un aspecto de los militares chilenos que hay que rescatar para la historia, por lo menos los generales que respetaron la Constitución en los tiempos de Allende, que son dos Comandantes en Jefe: René Schneider y luego Carlos Prat... *[se da cuenta de que se desvió del tema original y vuelve ya más calmado a contestar la pregunta].*

Así llegué a trabajar como periodista en la campaña presidencial de Allende en el '64, mi jefe era Elmo Catalán, periodista que murió en Bolivia, asesinado por sus propios compañeros de la guerrilla de Teoponte.

[...]

Elmo Catalán fue comunista, y era un periodista muy culto. Era un periodista especial, leía libros. Los periodistas no leen. Yo vendía libros y él era mi principal cliente, vendía libros del Fondo de Cultura Económica y un día fui a su oficina a entregarle libros. Y llegó una gente a hacer una denuncia, a la campaña de Allende; entonces como no había nadie, yo los atendí. Les pregunté qué querían, por qué, para qué... Redacté algo y se lo mostré. Y me dijo que me quedara trabajando ahí, que dejara de vender libros. Entonces trabajé toda esa campaña y fui con Allende en el Tren de la Victoria hasta Puerto Montt. En realidad, vivir así dentro de la campaña es un microclima, ¿no? Es una burbuja. El tren por donde pasaba siempre estaba lleno de gente. El tren paraba, y había un acto en el andén o si la ciudad era más importante, había un acto en la ciudad. Pero donde no había ningún acto, el tren pasaba despacito y, a veces, el tren se paraba unos minutos, Allende hacía siempre el mismo discurso, que contaba que el tren estaba atrasado, porque siempre el tren andaba atrasado. Entonces, contaba una historia que no sé si sea real o inventada, que había unos campesinos que querían ir a saludarlo a la estación, pero el dueño del fundo los invitó a un asado para distraerlos. Y como el tren se atrasó pudieron comerse el asado, tomar vino y después ir a escuchar la palabra del "Compañero Presidente", el líder popular. Ese era el discurso principal de Allende con esa gente pobre de los pueblos, que en realidad después me di cuenta de que no votó por Allende, pero iba a la estación porque era... ¡la novedad del día!

[...]

Yo me conseguí, con una amiga, una máquina de escribir portátil. Mira la tecnología de la época... Y entre estación y estación, en el coche comedor, escribía mi nota. Cuando paraba en la estación siguiente, tenía una llamada de Santiago a la oficina del jefe de estación. Entonces, yo leía mi nota, despacio, la grababan en una máquina grabadora pequeña *[grafica el tamaño con sus manos]* y luego la disgregaban. Y eso lo repartían igual que los escritos de *Prensa Latina*, a todos los circuitos de los medios. Ya los medios como *Clarín*, publicaron muchas de mis notas, que no eran firmadas *[enfatiza esto último, riéndose de la situación]*. Aparecían con el nombre del periodista que andaba en el Tren de la Victoria, René del Campo. Periodistas viejos, yo era un muchacho... Tenía veintiún años. Entonces así empecé en el periodismo.

El otro conflicto de conciencia que se me produjo es para quién voy a trabajar. Porque percibía que el periodismo estaba muy vinculado con la lucha de las ideas y en definitiva con la lucha de clases. Y un periodismo así imparcial no era viable *[sonríe, sus ojos chispean]*. Además, lo viví en carne propia, porque hice experimentos en un diario donde trabajé. Por agregar un pequeño dato, en una noticia de cuatro líneas de que un ministro de tiempos de Frei había inaugurado tres puentes, uno sobre el río Traful-Traful y otros dos ríos que no recuerdo, en la Provincia de Cautín[61]. Entonces, agregué: "La Provincia de Cautín, escenario de la próxima contienda electoral extraordinaria". Porque había una elección extraordinaria para un senador. Y esa línea me creó un problema: el dueño del diario me llamó a su oficina, no me echó, pero me dijo que eso no lo podía volver a hacer. ¡Y decidí irme del diario! Porque a mí me parecía que el lector tenía derecho a saber, por si no se ubicaba, que ahí había una campaña electoral. Yo no estaba diciendo que el ministro inauguraba los puentes por la campaña electoral, pero el lector podía sacar la conclusión.

Entonces, ahí decidí ya que solo iba a trabajar en medios de izquierda, que en ese tiempo los había. Porque el Partido Comunista tenía una revista muy buena para la época, que se llamaba *Vistazo*. Salía todas las semanas. Y el Partido Comunista tenía un gran poder editorial en esa época. Poseía una casa editora de libros, Editorial Austral, una

[61] La división política de la época eran veinticinco provincias, cuando ahora son quince regiones.

gran imprenta, “Horizonte”, y una sociedad periodística, una empresa periodística para sacar sus diarios. Ahí se imprimía la *Última Hora*, que no era comunista, la propiedad la tomó el Partido Socialista. Uribe fue director de la *Última Hora*, Cabieses trabajó siempre en la *Última Hora* como redactor político. Era un vespertino, un diario de la tarde y en ese diario a mí me hubiera gustado trabajar, porque era como debiera ser un diario, o sea, había información, no propaganda. Información procesada con una mirada progresista, y con una postura política pero no de propaganda *[sube el tono de la voz como queriendo defender su postura]*, o sea, como hacen los diarios de derecha, que parecen imparciales, pero no lo son. Incluso tenía sección de deportes y mucha gente compraba ese diario los domingos, principalmente por los resultados del fútbol. Como era un diario que salía por la tarde, sacaba un suplemento los domingos que era para los que entienden y saben, y les gusta el fútbol. Yo nunca me interesé, pero eso era fundamental.

Entonces empecé a trabajar en la revista *Vistazo*. Escribía notas, me pagaban por notas, una por semana, y mis notas se publicaban en las páginas más importantes. Cabieses también escribía ahí, y a veces Cabieses usaba las páginas centrales, eso lo decidía el director Luis Alberto Mansilla. *[...]* Y mi nota iba en las páginas 2 y 3. Las notas de Cabieses eran casi siempre políticas, las mías al comienzo no, pero después sí. Yo hacía periodismo de investigación y no sabía lo que hacía. No sabía que se llamaba así. Y al mismo tiempo, estaba estudiando y leía mucho, y estaba ávido de aprender. Entonces, yo a veces desalojaba a Cabieses de las páginas centrales y él pasaba a las páginas 2 y 3, las demás páginas no eran importantes porque se suponía que el lector abre la 2 y 3, que es la primera hoja o las centrales. Bueno, ese era el criterio de aquella época. La revista se cerró cuando le dieron el golpe a Ben Bella en Argelia. Eso debe haber sido el ‘66. La cerró la empresa, porque era una revista que no se vendía, no era buena para los lectores.

Yo tenía preparado un material de investigación para la revista, que se llamaba “Onganía, el hombre del Pentágono”. Era un general argentino que llegó a ser comandante en jefe del ejército, y después dio un golpe, y gobernó la Argentina, Juan Carlos Onganía... Entonces, el director de *El Siglo* que era un diputado (porque esto funcionaba en el mismo edificio todo, en la calle Lira, allí estaban la imprenta, las oficinas, la empresa que también atendía clientes que mandaban a hacer cosas de imprenta y la redacción del diario, y la redacción de *Vistazo* que era una "salita"), no me acuerdo del nombre de él ahora, se interesó por mi nota sobre Onganía. Yo le dije que la nota era suya si el diario me daba trabajo. En ese tiempo, había un salario mínimo de periodistas. Entonces el hombre me contrató.

¿De cuánto era el salario mínimo?

Se llamaba "arancel". Había un sueldo mínimo obrero que se llamaba "sueldo vital", que hoy día se llama "salario mínimo". En ese tiempo, el salario mínimo de un periodista era como tres o cuatro sueldos vitales. Se podía vivir dignamente con un trabajo, con dos trabajos te podías comprar un automóvil, ¡que era tan caro como una casa en ese tiempo! Y todos los periodistas tenían por lo menos dos trabajos. Entonces yo, trabajé en *El Siglo* como reportero de Palacio de La Moneda y como reportero de economía, del sector económico. Al final me gustaba más la economía que los chismes de Palacio.

¿Por qué?

Porque ahí podía investigar y fabricar mis propias noticias.

[...]

Incluso a veces yo me quedaba hasta más tarde, y había una noticia: que el ministro dijo no sé qué. Entonces yo llamaba al tipo de *El Mercurio*, por teléfono, y le decía: "Mira, ocurrió esto". Porque si no lo tenía, al otro día lo iban a amonestar por lo menos. Ese era el espíritu que había en el gremio en esa época, de camaradería de trabajo. Eso cambió brutalmente con el golpe.

Después, se me presentó un problema que significó mi ruptura. Yo nunca fui comunista, pero es como si lo hubiera sido. Muchos compañeros del diario me quitaron el saludo. Entonces yo pensé, ahora que me peleé con el mundo capitalista, y ahora me peleé con el mundo comunista, ¡dónde mierda voy a trabajar! Y curiosamente, por primera vez, me llovieron las ofertas de trabajo. Y me dediqué a ganar dinero y a pagar mis deudas. Un año o dos con dos empleos. Junté dinero, pero unos tipos me estafaron con un negocio y, al final, quedé en cero y se me presentó la oportunidad de trabajar en televisión que era nueva. Ya había trabajado en radio, en diarios, pero me faltaba la televisión.

¿En qué radio trabajó?

En la *Radio Magallanes*. Pero en ese tiempo no se sabía que era comunista, no se sabía porque el propietario de esa radio era un español, Antonio Benedicto, que era comunista sin duda, pero la radio funcionaba como una empresa. Incluso, la radio me había designado reportero de La Moneda, como tenía experiencia en esa fuente. Y La Moneda bajo el gobierno de Frei Montalva le pidió a la radio que me sacaran de ahí, de la fuente, porque había cierta libertad para redactar. En ese tiempo, cuando el periodista llamaba la atención, como hice yo en el diario *El Sur* de Concepción, cuando escribí lo de los Puentes Traful-Traful como corresponsal, uno renunciaba. Era como una cuestión de honor. En vez de esperar a que te echaran y te pagaran, ¡uno renunciaba! Era una cuestión de dignidad, de un amor propio, de un sentido del honor. Muy poco práctico, y me encontré con una amiga que yo había ayudado y me dijeron que en la televisión necesitaban un libretista, que escriba libretos.

¿En qué canal de televisión?

En el Canal 13, de la Universidad Católica. Trabajé ahí. Bueno siempre trabajé en la revista *Punto Final*, pero eso no lo considero un trabajo porque eso era como una obligación política, una colaboración política.

¿Desde el principio de la revista misma usted trabajó con Cabieses, Díaz, todos ellos?

Claro. Pero la revista nunca tuvo personal, el único personal de la revista eran Cabieses y el "Chico" Díaz, que hacía unas horas en la revista porque el "Chico" trabajaba en otras cosas. Se ganaba la vida y Manuel también, entonces había una oficina, una secretaria, y había una continuidad por la secretaria más bien.

[...]

La revista funcionó casi siempre en Unión Central, por ahí donde está *Prensa Latina* hoy, en ese piso. Entonces la revista tenía un equipo de jefes que se reunía y debatían. Yo no participaba de esas reuniones...

Si ellos me pedían algo yo lo escribía, lo reporteaba o a veces yo lo proponía, tenía un tema... Y era un trabajo no gratuito, pero era como una militancia en el periodismo, ¿no?

[...]

En ese momento había que ir a la revista con los papeles. Bueno, entré a trabajar a la televisión como libretista, y terminé siendo jefe de un grupo de periodistas. La verdad es que ahí bajó un poco mi preocupación por la política, porque encontraba imposible que en Chile hubiera cambios, así como lo encuentro hoy, ¿no? Entonces me ofrecieron incluso si quería hacerme cargo de la campaña de Allende del año '70, hacer lo que hizo Elmo Catalán en 1964, y yo no me interesé.

[...]

El día de las elecciones, el 4 de septiembre del año '70, yo tenía que viajar a Ecuador en esos días, yo iba a votar por Allende por supuesto. Pero el viaje a Ecuador me complicaba, porque no se puede votar en el exterior. Conmigo fue un compañero que iba a votar por Tomic, o sea mi jefe, Mario Kreuztberger. Entonces llegamos a la conclusión que apostábamos, o sea uno mataba al otro, porque ninguno de los dos iba a votar

[...]

Así que pasé en Ecuador y allá me informé a través de radioaficionados, a través de una gente diplomática, la misma noche del 4 dieron los resultados, ¡que fue con una sorpresa! Ahí decidí dejar de trabajar en el Canal 13 y me fui a trabajar en el Canal 9, de la Universidad de Chile. Ese medio de comunicación estaba supuestamente tomado por los trabajadores. Digo "supuestamente" porque en verdad se lo tomó la Unidad Popular, o sea, la coalición de los partidos, los trabajadores eran el instrumento... Fue una decisión política porque, en esos años en la televisión, en la dirección del Canal había una cuota. El director era comunista, el CEO era socialista (un español), y funcionaba el sectarismo y todo eso dentro del Canal. Lo que pasa es que ahí trabajaba un amigo mío, José Carrasco Tapia, el periodista que asesinaron el año '86, y me dijo: "Mira Ernesto, yo me voy a ir del Canal". Yo era del MIR, pero nadie sabía que yo era del MIR, no tenía por qué andarlo contando. Y me dijo: "Tú deberías ocupar mi vacante, pero lo único que tienes que decir si te preguntan es que eres socialista". "Puta, pero eh...", contesté.

Bueno, llegué al Canal y ocupé su vacante, y cuando me preguntaron que "si yo soy socialista", era lo más vago que podía haber. Ser socialista es como ser bombero o tomar agua. ¡Ha sido siempre así! Entonces, el gerente, que se llamaba Sancho, el español, me dijo: "Bueno, nosotros creíamos que tú eras socialista, pero eres del MIR. No somos hermanos, pero somos primos". Algo así. Pero trabajé ahí hasta que decidí renunciar para hacerme cargo de una radio del MIR, *Radio Nacional*.

¿En qué consistía el cargo en Canal 9?

Yo cubría una fuente, la fuente de economía. Y hacía notas que yo proponía porque tenía ideas, intereses, tenía un vehículo, tenía recursos... Pero básicamente yo era reportero de economía. En el fondo, uno era como redactor porque uno pedía que el camarógrafo cubriera... ciertas cosas. Había que hacer una programación, pero no existía el sonido. ¡Ningún canal tenía cámara con sonido! Era muy caro. Entonces uno cubría las noticias y si no tenía película, usaba película de archivo. La cuestión era redactar, y todos llegaban a redactar muy temprano, ¡increíble! Yo escribía con los diez dedos, y escribía mis cosas que eran un mínimo, en cinco minutos. Era el último en llegar y el primero en irse. Y el jefe del Canal era el "Chico" Díaz, que hacía el turno de la mañana. Y otro hacía el turno de la tarde. No tuve un cargo de mayor responsabilidad, qué sé yo... Reportero... si yo no era de la Unidad Popular, no tenía la confianza ni de los comunistas ni de los socialistas.

Pero en ese tiempo éramos más conscientes los periodistas del significado de la profesión y de la coyuntura política. Entonces construimos una organización, una actividad que llamábamos la "Asamblea de los medios de comunicación de masas" que sesionaba en el auditorio de lo que era la *Radio Corporación,* que en ese tiempo era del Banco del Estado, y hacíamos una asamblea donde queríamos tomar el control de los medios finalmente, principalmente de *El Mercurio*. Incluso ahí hay una historia interesante porque Agustín Edwards, que era el dueño de *El Mercurio*, el principal dueño porque era una herencia compartida por varios hermanos y hermanas, se fue a vivir a Estados Unidos y se convirtió en vicepresidente de la Pepsi Cola. Él era muy amigo de Kendall, el presidente de la Pepsi Cola, y Kendall "fabricó a Nixon".

[...]

La cuestión era que él no estaba en Chile y la empresa quedó a cargo de su hermana, Sonia. Y Sonia era una mujer de izquierda, con ideas de izquierda. Entonces, todo el mundo estaba interesado en Sonia, y todo el mundo incluía al MIR y también al Partido Socialista. Ahora esto que te voy a contar es más bien privado... *[Me pide apagar el dictáfono, porque quiere contar una anécdota privada. Pero cambia su opinión, al final]*[62].

Sonia tenía una secretaria de lujo en el diario, Silvia Fuentes, cientista social, doctora en Ciencias Sociales, ¡una mujer muy capaz! Era militante del MIR, y estaba casada con André Gunder Frank, un famoso pensador alemán Rojas, tan famoso como James Petras. Entonces, había una estrategia para apoderarse del diario. Y se produjo una pelea entre los hermanos por el control del diario. El "Dunny", como le llamaba Sonia a su hermano, tuvo que comprarles la parte a sus hermanos al final. Pero había también en el diario un sindicato poderoso, de trabajadores, y de periodistas, de todos, ¿no? Un sindicato único me parece que era, y el presidente de ese sindicato era un colega comunista llamado Sergio Gutiérrez Patrick, pero al diario nunca se le tocó un pelo. O sea, de todo esto que te cuento no pasó nada.

[...]

La cuestión es que la llevamos a conocer la realidad campesina, a Temuco, a Cautín, las tomas de los fundos... Incluso anduvimos entremedio de los fundos; había un régimen de control de los campesinos que se habían tomado cantidades de predios. Al fin de cuentas, nosotros éramos pequeña burguesía citadina, no veíamos con mucha simpatía ese trato de los campesinos que tenían que liquidarte porque no sabían quiénes éramos. Además, andábamos con una cámara de televisión, yo llevé una cámara que era enorme para ver si podía hacer una nota sobre esa toma de tierra, que fue una explosión... Y donde el principal motor fue el MIR, pero también los socialistas. Y así fue que los periodistas adquirieron conciencia de la importancia de su profesión, ¿no? Pero, la organización, esa asamblea de los medios, donde iba todo el mundo

[62] Lo que Ernesto Carmona me contó sin que sea grabado fue publicado por *The Clinic* unos años después. Ver Alejandra Delgado, "Sonia, la hermana allendista de Agustín Edwards", *The Clinic*, 17 de junio del 2013.

porque el Colegio era una organización no muy politizada y con presencia también con gente de derecha, de la Democracia Cristiana.

[...]

Esa era la realidad del periodismo; lo que aumentó mucho con Allende, fueron las radios. Pero también ahí está el balance de las radios, siempre la derecha tuvo mayor cantidad de medios y mayor sintonía. Mayor mercado de audiencia y, por supuesto, de publicidad. En la televisión, el Canal 9 fue tomado porque el Rector de la Universidad de Chile era un socialista llamado Eugenio González Rojas, Ministro de Educación de la República Socialista que hubo en Chile en 1932.

[...]

Ese señor dejó de ser rector y ganó la rectoría, Edgardo Boeninger de la Democracia Cristiana, que ha sido ministro de Aylwin últimamente. Ha sido senador designado dentro de la Constitución. Entonces, Edgardo Boeninger iba a cambiar la línea editorial del Canal, obviamente, por eso fue tomado... Él era decano de la Facultad de Derecho, se convirtió en rector ganando la elección del claustro y él desalojó el Canal con la Fuerza de Carabineros. O sea, el Canal estuvo siempre con Allende, porque recuerdo que el desalojo se produjo el sábado anterior al golpe. El golpe fue un día martes 11. El 8 de septiembre de 1973 en horas de la tarde, yo me estaba preparando para ir a Temuco y vi por la televisión a los Carabineros entrando al Canal.

¿Cómo reaccionó la comunidad de los periodistas a un acontecimiento como este?

Pero era la resolución de un juez, había un trasfondo político. Se respeta mucho la formalidad, la legalidad, entonces eso se hizo sin violencia. La verdad es que nosotros en el Canal teníamos organizado un sistema de guardias, para defender el Canal, pero en realidad eso era simbólico. Porque vigilábamos los techos del Canal durante la noche, sin armas, sin nada. Iba mucha gente a acompañarnos. Pero todo eso era simbólico, era más bien por la militancia, por la solidaridad. En caso de un ataque, lo más probable es que el ataque hubiera sido de los fascistas o sea de los grupos armados del fascismo que ya existían: y teníamos un acuerdo con una población pobre que había detrás del Canal, que ya no existe, y esa gente nos iba a defender y a solidarizar. Pero todo eso era romántico, simbólico, político... La verdad es que ese canal estuvo siempre con Allende porque fue desalojado, dos días antes del golpe. Algo debe haber gatillado los preparativos del golpe, yo ya no trabajaba ahí. Pero es que el golpe se respiraba, no había que ser muy agudo para saber que venía un golpe. Porque ya hubo un intento el 29 de junio cuando mataron a este periodista, ¿no?

[...]

El asunto es que Allende tuvo siempre el Canal 9. Cuando trabajé en Canal 13 organicé un acto público de celebración de Allende. Se hizo en la Alameda con Lira frente al cerro Santa Lucía con cantantes, con gente... *[habla entusiasta]*. Esa fue una idea mía, y el Canal la acogió, y lo hicimos con una producción de tres a cuatro horas, no sé, transmitido todo por la televisión. Después vino la polarización de la sociedad, y ese canal se fue al fascismo. Con un cura, que era su director, que es un cura que le gusta mucho la tele y aparece ahora en Megavisión, Raúl Hasbún.

[...]

El otro Canal que existía en Chile era el Canal del Estado, la Televisión Nacional de hoy, Canal 7. También apoyaba a Allende, por supuesto. El director era Augusto Olivares, y el jefe de prensa, José Miguel Varas. La Universidad Técnica del Estado (UTE), que hoy día se llama Universidad de Santiago de Chile (USACH), tenía derecho a tener un canal. Compró los equipos, pero no alcanzó a sacarlo al aire. Ahí trabajaba Víctor Jara, entre otra gente que iba a sacar al aire el Canal. Era un canal de los comunistas, porque el Rector de la Universidad era comunista, la Universidad era un espacio comunista. Así que ese era el panorama de los medios de comunicación.

[...]

Yo era director de *Radio Nacional*–como te contaba–, porque el MIR decidió comprar esa radio que se llamaba *Nacional*, como podía llamarse de cualquier otra forma. Era un nombre de fantasía, no era una radio del Estado, era una radio privada, una pequeña radio. El transmisor tenía algo así como un kilovatio, era "pequeñito". Y yo sacaba la cuenta que, con el desgaste de la maquinaria, su potencia real era como un bolillo de 100 vatios. En esos años no había tanta interferencia y con un kilo se podía cubrir la ciudad. Pero estábamos construyendo un transmisor potente que no alcanzamos a terminar, y estábamos comprando radios de la misma frecuencia en diferentes puntos del país. Y teníamos el visto de palabra de la autoridad, que era un socialista amigo del MIR, de cubrir una radio que no quería vender, de La Serena. Entonces iban a ir a reclamarle a él, pero eso no alcanzamos a hacerlo. Justamente yo fui a Temuco a negociar una radio, el 9 de septiembre, día domingo. A hablar con los tipos el día domingo, lunes… Regresar a mediodía del lunes... No pude llegar a Santiago hasta las seis de la tarde del día del golpe. Venía desesperado a Santiago, porque era donde podía estar más seguro. Luego me fui a Buenos Aires, porque la derrota después del golpe fue total. Llegó un momento donde había que privilegiar la vida.

[…]

Mi mujer ya se había ido antes, porque el cura Hasbún y esa gente del Canal 13 donde ella trabajaba, tenía listas de gente para eliminar. Incluso ellos inventaron el "Plan Z", que fue un invento de la CIA, de los servicios de inteligencia para hacerle creer al ejército que existía un "Plan Z" para eliminar gente del ejército, para provocar la reacción, ayudar a provocar esa reacción criminal que tuvo el golpe, ¿no? Y ocurrió un episodio bien interesante, que está relatado en *Morir es la noticia*[63]. Ocurre que este señor con el que trabajé en el canal, Mario Kreuztberger, tenía una cámara Auricon con sonido, él me contó en Buenos Aires y me dijeron que lo contó en televisión hace poco[64]. A él le pidieron, o sea, lo fueron a buscar a su casa de noche (vivía muy cerca de la Escuela Militar), para pedirle la cámara, y que él fuera con la cámara a mostrar la casa del presidente por dentro, o sea, lo que tenía el presidente de la república: botellas de vino, paquetes de arroz, fideos y armas, las armas de la vigilancia del presidente. Pero eso lo querían hacer como un show y querían llevar a Mario que era el animador más famoso, Don Francisco, a mostrarlo. Entonces, Mario me dijo:

– "Pucha, yo pensé que me buscaban a mí por otra cosa, cuando era por la cámara. Pero una vez allá en Tomás Moro cómo lo hago porque si lo hago la cago, sino lo hago también..., ¡la cago!".

Se le ocurrió una idea brillante, le dijo al oficial:

[63] Ernesto Carmona (ed.), *Morir es la noticia, los periodistas relatan la historia de sus compañeros asesinados y/o desaparecidos*, Santiago, s/e, 1997.

[64] La entrevista se realizó en diciembre del 2008.

–"Mire, yo confundo una escopeta con un rifle... Hágalo usted que además usted no es sonidista, yo hago el sonido, voy a controlar el sonido".

Bueno, no necesitó mucho convencer al tipo, al oficial: y aquí están las botellas, y aquí están... Allende tenía una chaqueta de cuero; yo tengo las fotos de Allende, colgadas en la pared, porque ya no tengo espacio, pero la tengo por aquí, una foto de Allende con su chaqueta de cuero, una chaqueta de cuero negra vieja... Que el año '64 ya la tenía. Entonces esa noche, fue un grupo de apoyo mandado por Hasbún del Canal 13 y unos tipos que eran técnicos, pero no muy calificados. Uno de esos se robó la chaqueta de cuero, y se la puso, se la llevó puesta y esos dos tipos se fueron en un vehículo. Eso me lo contó Don Francisco, pero está en la Comisión Rettig. Está acreditado. Esos tipos se fueron a San Bernardo por otro camino, porque la casa del presidente estaba en Tomás Moro, no se vinieron a Santiago. Resumiendo la historia: una patrulla los acribilló, la chaqueta de cuero fue hecha mierda, quedó llena de agujeros y el tipo de la chaqueta murió. Está en ese libro *[muestra* Morir es la noticia*]*, en las historias muy breves, en el caso de trabajadores de los medios que murieron. "Profesionales afines al periodismo desaparecidos y/ o asesinados"[65]. No. "Otros profesionales afines al periodismo asesinados"... Aquí está Gianni Vanini, la secretaria de *Punto Final*, la historia de ella... *La chaqueta negra del doctor Allende*, José Fuentes Segovia se llama el tipo... *[lee el contenido del libro]*.

Se dirigían a Puente Alto a reparar una antena, pero en esos años la única antena de Canal 13 estaba sobre el edificio de la Casa Central de la Universidad Católica. Diecisiete años después, los familiares de ambas víctimas se acercaron a la Comisión de la Verdad y Reconciliación para denunciar... O sea, buscan la indemnización del Estado. Esta historia la escribí yo. En Buenos Aires me desempeñé en *El Cronista*, que es un diario muy bueno. Existe como *Cronista Comercial* ahora o sea un diario de verdad...

[...]

---

[65] Se refiere a la sección de este nombre en el mismo libro referenciado más arriba. Ernesto Carmona (ed.), op. cit.

¿Qué significa para usted eso, un diario de verdad...?

No era un diario de propaganda, y era un diario que se vendía en los quioscos porque el *Cronista Comercial* se vendía por suscripciones. Pero era la misma empresa, el mismo dueño, llamado Rafael Perrota, desaparecido. Uno de los ciento y tantos periodistas argentinos desaparecidos o asesinados. Trabajé ahí hasta que me secuestraron y cambió mi vida de nuevo, y terminé en Venezuela. Eso fue a fines del año '74. Más o menos esa es la historia profesional. En Venezuela me dediqué a otra cosa.

¿A cuáles?

A la docencia en la universidad, que no me gustaba mucho. Y escribía artículos de prensa, pero básicamente sobre Chile.

[...]

Después, con los años, comencé a escribir sobre Venezuela. La primera nota que se publicó en *Punto Final* sobre Chávez la escribí yo, pero no la firmé con mi nombre, no me atreví, porque me podían poner fuera del país. Yo no tenía visa de periodista. Después me atreví, más adelante. Entonces algunas cosas las publicaba en *Punto Final* antes, y las republicaban en algunos diarios de Venezuela. Después ya me fui poniendo más audaz, ya ni citaba a *Punto Final* y me metí allá con la política venezolana. Incluso me citaban: "Como dice Carmona, Venezuela es una caldera a punto de estallar". Es que, en realidad, vivir ahí al igual que con el golpe en Chile, no hacía falta ser muy agudo para darse cuenta de que Venezuela era una caldera social a punto de explotar. Pero yo allá, en vez de andar siempre buscando imprentas para publicar cosas sobre Chile, afiches, folletos, al final yo desarrollé una imprenta con trabajadores. Hacíamos libros, nunca tuve problemas económicos y me dediqué al periodismo independiente. No como medio de vida, los periodistas de Venezuela además ganaban muy poco. Y tenían que ser incondicionales de la empresa. Y las empresas competían y los periodistas incluso se agarraban a golpes. Sí, algo muy primitivo, ¡otra realidad! Pero había un diario muy bueno, *El Nacional*, un diario progresista que hoy día es un diario reaccionario que miente mucho, que inventa noticias. Inventó, por ejemplo, una entrevista a Ramonet, famosa, donde Ramonet hablaba de Chávez, pero una entrevista completamente inventada. O sea, no sé para qué harán eso, porque al final eso siempre se descubre. Además que tiene *[Ignacio Ramonet]* cierta credibilidad y también respaldo mediático, porque él posee sus propios medios, ¿no?, *Le Monde Diplomatique* en varios países del mundo. Claro, él podrá tener opiniones críticas como las tenemos todos sobre Venezuela, pero nunca se las va a decir en una entrevista.

Entonces ese es otro capítulo, Venezuela; los buenos periodistas que eran de izquierda se fueron al otro bando. Al final se impone algo, que tiene ver con el tema de Allende y de Chile, que es la llamada clase media, la pequeña burguesía, es profundamente reaccionaria. Y en realidad es la clase media la que hace el trabajo de la burguesía, porque la burguesía es pequeña, no tiene fuerza social. Es la clase media la que interpreta a la burguesía... Y cuando la burguesía quiere imponer el neoliberalismo, que perjudica a la clase media, lo tiene que hacer con una dictadura militar *[sube el tono de su voz]*. Porque la principal oposición es de la clase media, no es de los sindicatos o de la clase obrera. Eso es lo que ocurrió en Chile con el golpe. Y eso es lo que está ocurriendo en Venezuela, que la clase media tiene más dinero que nunca. Estuve allá *[en Caracas]* todo el mes de noviembre, los "restoranes" de lujo llenos.

[...]

A Allende lo botó la clase media. Los militares en Chile son clase media, no son aristócratas. En Argentina son más aristócratas. Son incultos, son ignorantes, baja clase media. Los médicos le hicieron una huelga a Allende, una huelga política para botarlo: clase media. Los médicos son reaccionarios en todas partes. La clase obrera del cobre, el sueldo de Chile es como la clase obrera de la General Motor en Estados Unidos, de la Ford, que son aristocracias obreras: clase media, clase media reaccionaria. Hicieron una huelga política para tumbar a Allende. Los dueños de camiones, del transporte, pequeños empresarios: clase media. Hicieron huelga del transporte para el comercio. En esa época no existían los supermercados. Estaba el negocio de la esquina, el de más allá... Eso que está desapareciendo con los supermercados. Esa gente en contra de Allende, acaparando, guardando...

En las entrevistas que ya realicé, los entrevistados me dicen que justamente no había casi nada para comer, a fines de agosto del '73, y que unos días después del golpe, estaba lleno de comida...

Tú ibas por la calle y veías una cola, y te ponías en la cola. Porque algo útil ibas a comprar desde cigarrillos, aceite, o sea las cosas elementales, porque todo estaba guardado.

[...]

O sea la clase media, nosotros analizábamos, coño, Allende perdió a los sectores medios. No es que los perdió, en realidad, nunca estuvieron con él. Esa clase media se expande, porque la clase obrera casi ya ni existe. En países como Chile, donde no hay un desarrollo industrial, no hay clase obrera; en Chile no hay industria. Todo se importa, en Venezuela lo mismo...

[...]

Me gustaría volver sobre algunos puntos que desarrollamos. Usted me dijo que empezó su trabajo periodístico durante los estudios, pero ¿qué carrera universitaria estudiaba usted? ¿Periodismo mismo u otra cosa?

Yo empecé a trabajar en periodismo, y trabajando en periodismo estudié periodismo. Mi primer trabajo de periodista fue en la campaña de Salvador Allende, ¡como periodista de la campaña! *[Enfatiza sus palabras]*. Un trabajo de propaganda más bien. Pero era información también, o sea había que informar sobre actos de la campaña, pequeñas reuniones, grandes reuniones y sobre todo la cobertura de los actos importantes, ¿no? El trabajo con Allende fue en el año 1964, y yo entré en la universidad en 1966. Yo quería ser periodista graduado también, pero en ese tiempo no hacía falta porque existía otra legislación. El Colegio de Periodistas tenía fuerza. Yo era miembro del Colegio de Periodistas. El Colegio reconocía la profesión. No se necesitaba estudiar periodismo para ser periodista. Mucha gente no estudió periodismo.

¿Se manifestaban diferencias entre la gente graduada de escuelas de periodismo y un periodista formado por su experiencia?

Claro, porque en ese tiempo, los mejores periodistas que yo conocí no habían ido a la universidad, la gran mayoría. Y hoy en día, no hay buenos periodistas en mi modo de ver, entonces la universidad no ha ayudado mucho. Es una carrera que ha explotado... O sea, por la moda, por la televisión... Hay miles de periodistas. Tú los ves en la televisión y ni siquiera saben expresarse, no usan el lenguaje adecuado, cambian el sentido de las palabras, no tienen vocabulario, tienen una pobreza de lenguaje. ¡Terrible! Muchos letreros que ponen poseen faltas de ortografía, además. Pienso que la profesión ha ganado muy poco con la universidad: la calidad de la enseñanza es francamente mala, ha empeorado, va de mal en peor. Eso se debe a que la educación superior es un negocio, no hay una responsabilidad del Estado en la educación superior. Cualquiera que tenga dinero pone una universidad como pudiera poner una cadena de "boutiques", o cualquier otra actividad con fines de lucro, ¿no? El afán es ganar dinero. Hay un par de universidades respetables: de la universidades privadas, me parece que la más seria es la Universidad Diego Portales; bueno, y están las universidades tradicionales que ya no son tan buenas como antes, la Chile y la Católica, por lo menos en periodismo.

[...]

Me acuerdo que en el año 1968, que fue el año de la rebelión de los jóvenes en todo el mundo, en Francia, en Estados Unidos, aquí también hubo una rebelión de los jóvenes de la Universidad Católica, que eran los más ricos[66]. Porque había dos universidades en esos años: la Católica y la Chile. Y esos muchachos que eran de formación cristiana, y de una formación ideológica de derecha natural, del hogar, eran progresistas y levantaron la Reforma Universitaria de la Universidad Católica. Y fueron atacados feamente por *El Mercurio*. Entonces, es famoso ya, forma parte de la historia del periodismo, el letrero que pusieron en la fachada de la Universidad: "*El Mercurio* miente". Han pasado más de cuarenta años. Y *El Mercurio* miente hoy día. No sé si viste el documental ese, sobre *El diario de Agustín*. Bueno, ocurre que en aquellos años la situación era mejor que hoy porque había medios que tenían otra postura, y tú podías trabajar en esos medios. Era la prensa de izquierda de la época, ¿no? Y en realidad, el diario más derechista no era *El Mercurio* sino que era *El Diario Ilustrado*. *El Mercurio* se suponía que era un diario –lo que tú dijiste– neutral. Pero era neutralidad falsa, una neutralidad de

[66] En 1967, en realidad.

lenguaje a veces. Pero no así en las páginas editoriales. Entonces había una cierta diversidad, pluralidad. No era gran cosa. Pero había un matutino del Partido Comunista que se llamaba *El Siglo*, que salía todos los días; había un vespertino izquierdista que después terminó siendo del Partido Socialista, que salía por la tarde; y había varias emisoras de empresarios progresistas, radios que eran muy escuchadas en esos años. Estaba el Canal de televisión de la Universidad de Chile que era un canal izquierdista. O sea, la gente que lo manejaba, que incluso entró en rebelión cuando hubo un cambio de rector y se tomó el Canal. Y existía un alma de izquierda en la prensa, minoritaria, ¿no? Pero, la gran novedad en esos años fue la aparición y la popularidad del diario *Clarín*, que siempre fue un diario de lenguaje popular, para el pueblo, pero un buen lenguaje popular, no como *La Cuarta* de hoy.

¿Qué entiende por "buen lenguaje popular"?

O sea, sin sacrificar el lenguaje ni usar malas palabras, escribir las cosas con sencillez para que la gente las entienda, sin usar palabras rebuscadas. Que no es lo que hace *La Cuarta,* porque *La Cuarta* utiliza un lenguaje vulgar. No, *Clarín* usaba un buen lenguaje, sencillo y de pronto ponía una nota, un énfasis populachero en los títulos, que tenía mucho sentido del humor. Ahí estaba la gracia, en los títulos, la noticia era escueta. Hay títulos que son inolvidables de gente... *[se pone a reír].* Por ejemplo, recuerdo que un latifundista fue llevado a los tribunales porque violó a un joven peón. Entonces, el título fue "Oligarcas se introducen en círculos obreros" *[risas].* De pronto, había una noticia. Bueno la fuente policial era muy importante en ese diario. Por ejemplo, había un tipo que murió cuando se estaba comiendo una papa, ese era el relato. No tenía relevancia el tipo, pero ese día no había noticias y el problema era: "¿Qué título le ponemos para que sea atractiva?". Entonces le pusieron "Murió con la papa en la boca". Porque la papa tiene connotaciones, ¡la papa es también la verdad! Este hombre tiene la papa. En este tiempo significa eso también. La papa, además, era el alimento. Entonces, había un doble sentido..., ¡cómico, divertido! Pero no era una grosería. El dueño de ese diario era muy talentoso, Darío Saint-Marie, ¿no? Entonces, supo penetrar muy bien en el gusto, porque era un diario muy vendido. Porque este diario surgió en el gobierno de Ibáñez, que podríamos decir que era un gobierno populista, muy corrupto, de un ex-dictador militar, que fue el protector del dueño de este diario. Y ese gobierno terminó en 1958, el gobierno de Ibáñez.

[...]

Me decía que el Colegio de Periodistas reconocía la profesión...

Mira, la primera institución de los periodistas, fue el Círculo de Periodistas de Santiago. Un grupo de periodistas, con el liderazgo del periodista deportivo Juan Emilio Pacull, resucitó al Círculo de Periodistas. Hoy día se dice que el Círculo de Periodistas tiene cien años. Es verdad, pero al mismo tiempo no es verdad. Porque se fundó hace más de cien años una organización que se llamó "Círculo de Periodistas", pero que estuvo como cincuenta años muerta. Era un grupo de bohemia, fundaron el Círculo. Entonces, resucitó esa organización Juan Emilio Pacull a comienzos de los '50, o sea, en el gobierno de Gabriel González Videla. Y ese grupo consiguió el edificio de Amunátegui 51, que fue comenzado en el gobierno de González Videla y fue inaugurado en el gobierno de Ibáñez. Creo que la inauguración fue el año '53. Y el gobierno de Ibáñez comenzó el '52. Entonces, eso le dio potencia a la profesión, al Círculo de Periodistas. Y esta misma gente organizó el Colegio de Periodistas, que acaba de cumplir cincuenta años hace muy poco. Pero esta misma gente, con Pacull, se dio a la tarea de formar, de que se crearan las escuelas de periodismo. La Universidad de Chile acogió la idea, y la creó. Y esa Escuela cumplió cincuenta años antes que el Colegio. Esta Escuela empezó a funcionar en 1953 o 1954, no me acuerdo precisamente. Y luego entonces, ese mismo grupo formó el Colegio de Periodistas, que fue una generación de dirigentes gremiales con mucha creatividad, tenacidad, sobre todo en tiempo en que no había tanto dinero, ¿no? El país era más pobre. Época en que las escuelas de periodismo eran los mismos diarios, los mismos medios. En el caso de la prensa escrita, las dos grandes escuelas eran *El Siglo* y *El Mercurio.* Esas eran las dos escuelas. Y, por otra parte, las radios, bueno no era extraño que un trabajador de una radio, que manejaba máquinas y cosas, terminara convirtiéndose en periodista. Yo recuerdo que conocí a dos jóvenes que empezaron la profesión, y eran de la policía. Eran de la brigada de los homicidios. Investigaban homicidios. Y el jefe de ellos era un policía muy especial, René Vergara, que terminó siendo escritor. Te voy a regalar un libro de él que hice, hace años *[empieza a buscar el libro]*. Un libro de cuentos de él. Entonces este tenía muchos amigos periodistas, entre ellos Jorquera, el Negro Jorquera. Y el Negro Jorquera les dio trabajo a esos dos periodistas en *Prensa Latina*. Y pasaron de investigadores de crímenes a periodistas. Entonces, cualquiera podía ser periodista, ¿ves? Y por ahí había periodistas sin ninguna ética. Por ejemplo, periodistas que fueron jefes míos, que tenían una noticia que comprometía un tipo y antes lo llamaban por teléfono, y le sacaban dinero. Eso se daba mucho. Era un periodismo bien irresponsable.

[...]

¿Se hacía una diferencia entre un trabajo periodístico sobre la información y un trabajo de comunicación, o sea, como se entiende en la comunicación pública?

Mira, eso fue surgiendo con el tiempo, porque al comienzo no había teoría, y todo era copiado de los "gringos"[67]. Todas estas técnicas de periodismo informativo de los "gringos", de Estados Unidos. El sagrado cliché de la pirámide invertida; los atributos de la noticia, que son como siete. Que ya ni los recuerdos, porque "la raleza"... No sé, muchas tonterías. Y sobre todo, bueno lo fundamental, los elementos de la noticia, o sea, las preguntas que había que responder al contar la noticia: eso para mí fue lo más relevante, o sea explicar el qué, el por qué, el para qué, el dónde, el cuándo, el cómo..., y organizar eso de acuerdo a su importancia. Porque en algunas noticias lo más importante podía ser el cómo. En el caso del tipo que murió con la papa en la boca, la muerte en sí no era tan relevante. Pero, la verdad es que no sé, se enseñaba teoría de la comunicación, los conceptos de McLuhan, de la gente de esta época, ¿no? Ya existían oficinas de relaciones públicas en las grandes compañías como las corporaciones del cobre de los estadounidenses. Entonces, muchos periodistas optaban por ese camino, ¿no? No se llamaba "Periodismo corporativo", simplemente "Relaciones Públicas", y había una confusión. Ahora está muy claro cuál es el concepto de "Relaciones Públicas", pero en aquella época las "Relaciones Públicas"

[67] Apodo peyorativo de los estadounidenses, en Chile.

era el periodismo de propaganda corporativa, de empresa u organismos del Estado. Casualmente anoche[68] estuve en un acto de aniversario representando el Colegio, en la Federación de Trabajadores del Cobre.

Y ahí trabajó un amigo mío como asesor corporativo, un periodista que fue mi maestro, mi amigo Elmo Catalán. Él fue mi jefe en la campaña de Allende, me abrió las puertas para entrar al periodismo. Y Elmo cubrió grandes noticias, trabajó en todos los medios, menos en televisión que no existía, o que recién aparecía. Y él se inclinó por una fase distinta de las "Relaciones Públicas". Las relaciones públicas de los sindicatos, de los trabajadores. Entonces, con un amigo que era economista, ofrecía su servicio a un sindicato, ponte tú a un sindicato grande, a los trabajadores del cobre o a una industria farmacéutica. El economista hacía los estudios económicos de la empresa, para darle argumentos para la huelga, para negociar; y el periodista hacía la difusión de eso, la resonancia, porque si las cosas se saben y se comunican, ayuda mucho a la lucha reivindicativa de los trabajadores. Y sobre todo en el cobre que era un sector clave, porque en esta época cada centavo que bajara o subiera del cobre significaba no sé..., 70 centavos de dólares en el presupuesto. Porque el mayor ingreso fiscal era la atribución del cobre de las compañías norteamericanas. Entonces, también era una noticia de economía. Cuando yo era reportero de economía, y no había noticias, y estábamos ahí en la oficina que teníamos en el ministerio de Hacienda, llamamos a Elmo Catalán a ver qué pasa con el cobre. Y por ahí sacábamos una noticia, que había un conflicto, que a lo mejor venía una huelga... La verdad es que Elmo fue el mejor exponente de esa variante de las "Relaciones Públicas". Quizás no fue él que lo empezó, pero lo hacía con consistencia. Además, él leía mucho, leía economía... Por él conocí a muchos autores.

[...]

¿Cuándo empezó usted el trabajo de editor?

En Venezuela. Antes ni siquiera conocía una imprenta, o sea, apenas conocía una imprenta de plomo. Lo que ocurre es que yo empecé el trabajo de editor con este libro. Y eso fue en Chile. Y allí está el año:

[68] La entrevista se realizó el 29 de marzo del 2009.

1974. Edité de mi bolsillo ese libro, porque lo consideré importante. Y con un amigo inventamos esa editorial, Editorial N.A., Nueva América. Y con otro amigo empezamos antes a publicar cosas literarias. Y ahí publicamos un libro mío de cuentos, *El cesante*, que no sé dónde lo tengo[69]. Y él diseñaba las portadas, esas cosas. Él falleció, se llamaba Guillermo Daisler. Muy talentoso. Artista. Bueno, lo que pasa es que en Venezuela yo de pronto me vi con una imprenta. Antes tenía la imprenta Horizonte, y después en Venezuela tenía mi propia imprenta. Esa es la imprenta del Partido Comunista, Horizonte, muy importante. Ahí se hacían muchas revistas y diarios. El otro día estuve hablando con un hombre, que era el dueño del diario *El Magallanes*, de Punta Arenas, que se lo robaron. Me contó que él hacía una revista en Punta Arenas, y la imprimía en la imprenta Horizonte. O sea, viajaba la revista miles de kilómetros.

¿Salía caro editar un libro en la imprenta Horizonte durante los 60 y 70?

No era barato, pero ese libro yo lo vendía. Lo vendía y recuperaba, pero no era un negocio. Era más bien para darse el gusto de hacer una contribución.

¿La emergencia de Quimantú cambió muchas cosas?

No, claro, eso fue posterior. Claro, eso fue una explosión. Eso fue con Allende. Allí hubo un destape. Se publicaron libros, salían libros todos los días. Había colecciones que aparecían en los quioscos y costaban lo mismo que un paquete de cigarrillos, o menos. Todo tipo de libros: clásicos de literatura universal, libros breves de autores célebres...

Y durante la Unidad Popular, ¿usted siguió sus actividades editoriales?

No, porque me dediqué más a la cuestión política con el MIR. Entonces, hice algún trabajo editorial, pero con el MIR, o sea imprimíamos un diario, *El Rebelde*. Y teníamos una red de imprenta donde íbamos como clientes, ¿no? Pucha, ya no me acuerdo, eran pequeños talleres que nos hacían *El Rebelde*, nos hacían las pocas cosas que realizábamos.

[69] Ernesto Carmona, *El cesante*, Santiago, Arancibia Hnos, 1964.

Después, me vine a enterar que el MIR tenía una máquina *offset* por allí, que eso era como un misterio en aquellos años... *Offset*, que no era con tipos. En realidad, todo eso lo aprendí en Venezuela. Aquí conocía solamente a los talleres, porque yo era también editor de la revista de los trabajadores fiscales. O sea, yo hacía la revista, le reporteaba los temas, la diseñaba, la diagramaba. Y esa revista se hacía en una imprenta del Partido Socialista. Se llamaba *Prensa latinoamericana*. Ahí se publicaban libros de izquierda, ahí publicaba sus libros Elmo Catalán... Porque la imprenta Horizonte es la de los comunistas, entonces tenía un techo, ¿no? O sea, imagínate por ejemplo que Quimantú haya publicado libros de Trotsky, eso jamás lo hubieran hecho los comunistas. Quimantú publicó *Historia de la Revolución Rusa* de Trotsky, que son dos o tres tomos, ya no me acuerdo. Publicó el libro que estaba, que era imposible conocerlo. Junto con publicar a Grandón, y esos autores de aventuras, qué sé yo, Robinson Crusoe, no sé...

¿Qué cambió la elección de Salvador Allende en el funcionamiento mismo del Canal 9 y en su trabajo de periodista?

Mira, en mi caso personal, yo en realidad trabajaba en el Canal 13 y no trabajaba en el departamento de prensa. Trabajaba en un departamento de programas "misceláneos". Y producíamos unas notas periodísticas más bien de entretenimiento, de cosas raras. Viajamos por el mundo. Por ejemplo, fuimos al lanzamiento del cohete que llevó al hombre a la Luna. Fuimos a Houston. Íbamos a Japón. Buscábamos cosas raras. Pero, el año 71, cuando Allende ya estaba en el poder, decidí cambiar a un periodismo más serio, más comprometido con la realidad que vivía Chile. Y ahí me fui al Canal 9. Porque se iba a ir del Canal 9 José Carrasco.

[...]

Era un departamento de prensa muy pobre, o sea, para la noticia del día sobre Vietnam ocupábamos la misma película por meses, como ilustración del audio. No tenía laboratorio el Canal. Había un camarógrafo, ahí en el Canal, de prensa, Garrido, que era muy creativo. Y él se fabricó una máquina reveladora. Y la puso en su casa, y la manejaba su mujer. Entonces, ahí se llevaban las películas para que se revelaran. El Canal 13 tampoco tenía laboratorio pero sí, allí mismo cerca, a pocos metros, estaba el Instituto Fílmico de la Universidad Católica. Y allí se arreglaba el material. Entonces se caminaba como una cuadra. La casa de Garrido quedaba mucho más alejada del Canal. Si uno iba a hacer un reportaje lejos, iba en su propio vehículo, por supuesto.

¿Cuáles eran los diferentes servicios del Canal 9 y cómo se organizaba la dirección?

Eran dos corrientes: los comunistas y los socialistas. El director del Canal era un comunista que murió en Francia, un músico: Ortega. No me acuerdo el nombre de pila. Y el gerente, o sea el administrador, era un socialista español, Carlos Sancho. Y al comienzo era un Canal bastante plural. Porque yo llegué a este Canal cuando ya estaba tomado por los trabajadores.

[...]

Y esto se mantuvo así hasta que fue desalojado por la policía el día sábado anterior al golpe. Pero el jefe de prensa era del MIR, Augusto Carmona, asesinado por la dictadura. Y más o menos, el año 1972, hubo el fortalecimiento de la influencia comunista en el Canal, pero de acuerdo con los socialistas. Entonces, destituyeron a Augusto Carmona como jefe de prensa y pusieron a un socialista como jefe. Se llamaba Luis Carrera. Lucho Carrera. Era un buen tipo, pero querían que el Canal fuera un aparato de propaganda del gobierno de Allende, sin espacio para la crítica, la disidencia, los puntos de vista de izquierda, incluso de los mismos socialistas. Porque había opiniones distintas dentro del Partido. Entonces, finalmente, yo terminé yéndome del Canal. No me echaron. Yo me fui porque tenía que dedicarle tiempo a la radio del MIR.

Y en el Canal 9, ¿en qué servicio específico trabajaba usted? ¿Y cuál fue su papel?

En el servicio de prensa. Era redactor y reportero de la fuente económica, principalmente. Pero la verdad es que cubría principalmente las noticias de lucha de clase. Porque en la mañana ellos hacían una reunión de pauta. Yo llamaba por teléfono y me daban las asignaciones del tema. A partir de los temas de mi fuente, propiamente tal, cubría los temas que me indicaban. Y enviaban al camarógrafo. Era un trabajo, porque esto era para un noticiario que duraba, no sé, media hora, una hora. Era, imagínate, un trabajo mínimo. O sea, yo redactaba eso. Era el más rápido porque escribía con los diez dedos, y era rápido. Los otros eran lentísimos, entonces a mí me permitían que llegara tarde porque terminaba igual antes que los otros. Y en ese tiempo, no sé, uno no tenía auto, todo se hacía en micro. Yo tenía auto, pero no siempre el auto le servía a uno, porque andar en el centro en auto ya era un problema en ese tiempo. Si lo estacionaba en un lugar así, después no lo podía sacar hasta el fin del día.

En torno a la reunión de pauta de la que me habló usted, ¿quién participaba?

Esa es una reunión interna. El que cerraba el día dejaba anotados los temas que sirvieran a producir al otro día. Y por la mañana, llegaba Mario Díaz, que se reunía consigo mismo. Y hacía la pauta. Era jefe de informaciones, del turno de la mañana. Y el turno de la tarde lo hacía Osvaldo Rivera. Con Rivera podías hablar, era un gran periodista de economía de *Las Noticias de Última Hora*. Trabajaba en *Las Noticias de Última Hora*, con Mario Díaz, los dos con Manuel Cabieses.

[...]

A pesar del servicio de prensa, ¿había otros servicios en el Canal 9?

Esa parte de la organización del Canal la conozco poco, pero había una programación variada. Y había programas especiales de prensa que no pasaban por el departamento de prensa. Por ejemplo, Carlos Jorquera tenía un programa de televisión que se llamaba *A ocho columnas*, y ese programa lo hacia él con el apoyo de producción del Canal. Consistía en invitar a personajes, y hacer a veces una confrontación entre dos posturas. Era un programa político. Y había también un programa periodístico muy bueno que se llamaba algo así como *Negro en el blanco*. Un juego de palabras. Por el blanco, el *target*, el objetivo, que es el blanco, entonces *Negro en el blanco*. Lo dirigía un brasileño, creo se llamaba Paulo Alberto Monteira.

[...]

Y tenía un equipo de producción. Ahí trabajaba José Carrasco, Horacio Marota... Marota está vivo, por ahí anda. Irene Geys, que también está viva, pero hace años que no la veo. Y daba película, era un Canal que tenía su programación de entretenimiento, pero era un

Canal que tenía abierto al pueblo, entonces aparecía gente con problemas sociales. Inmediatamente, se les daba cámara, salían al aire, hacían sus denuncias...

¿Cuáles fueron los vínculos con el público, con la gente, con el pueblo?

Había muy pocos medios. Por eso la gente iba al Canal. Yo me acuerdo de que el año 1964 trabajaba en la campaña de Salvador Allende, uno no pensaba en la televisión. Porque era muy poca gente que veía la televisión. Entonces, uno pensaba en *Clarín*, en los diarios, no en los medios. Y un día llegó allá Augusto Carmona, que era jefe de prensa, desesperado, y me regañó, y me suplicó, y me dijo: "Ernesto, por favor, manden gente al Canal". O sea, si la gente no iba al Canal, no había modo de sacar la noticia, porque el Canal no tenía medio. Esa cámara con sonido que le pegaba a la cinta-magnética, y las otras eran cámaras sin sonidos. En realidad, era radio televisada. Si la gente no iba, no salía al aire. Nada se grababa, no había recursos, no había plata. Pero había una disposición, y las puertas abiertas para los trabajadores, la clase popular, los pobladores, para todo tipo de problema. El Canal pasaba lleno de gente haciendo denuncias. Y esas denuncias salían al aire, directamente, no sé. No pasaban por "Prensa", ni siquiera. Porque "Prensa" tenía esa estructura formal de un noticiario a tal hora, otro a tal hora, y uno que reprograma era responsabilidad de los responsables. Entonces, en la noche, al cerrar, había que hacer un comentario de no sé... Algunas veces me tocó hacer un comentario sobre fútbol, y yo nunca aprendí nada sobre fútbol, lo detesto, siempre lo detesté.

Al nivel de las relaciones entre las personas adentro del Canal, por ejemplo en torno a la elección de las temáticas, ¿cómo se manejaba la cuestión ideológica?

Con el tiempo se puso dura la cuestión ideológica por el sectarismo de Ortega. Era muy sectario. Y ahí se crearon situaciones duras. Pero ellos lo resolvieron por la destitución de Carmona *[Los segundos pasan, se queda silencioso]*.

¿El poder sindical era fuerte?

Había un sindicato muy fuerte, pero que no luchaba contra la empresa misma del Canal, sino que contra la Universidad y contra la derecha de la Universidad que quería cerrarlo. Entonces, el presidente del sindicato era un muchacho de apellido Corvalán. No me acuerdo el nombre de pila. Y su trabajo era justamente salir al mundo sindical organizado, a los trabajadores, a buscar solidaridad con el Canal. La respuesta del Canal era acoger a esa gente cuando tenían problemas, iban al Canal. Yo me acuerdo que, con él, con Corvalán, fuimos a Concepción un fin de semana. A unas reuniones sindicales, de solidaridad con el Canal. Y con gente que no veía el Canal. Se imaginaba. Era una solidaridad política. El Canal se veía en Santiago. O sea, ningún Canal se veía en provincias, a pesar del Canal de la Universidad Católica de Valparaíso. Eso era el Canal de Valparaíso, se veía en Valparaíso y Viña del Mar. Y ahí, en ese período de Allende, la Universidad Católica, sin autorización *[pone énfasis]*, instaló un Canal en Concepción. Lo cerró hace pocos años. Ahí hubo problemas porque el gobierno de Allende comenzó a hacer lo mismo, la autoridad digamos Radio-Eléctrica que era la dirección de servicio eléctrico bloqueaba la señal. Que es lo que hacen en Cuba, con la televisión Martí. Y eso lo hacían con la tecnología de la época. Muy rudimentario. Era un trabajo de la autoridad del Estado, de interferir la señal porque era ilegal, no tenían autorización. Y eso lo asaltaron, en eso participó un periodista, Manuel Fuentes Wendling. Yo, ahora, el año 2000, conseguí una sanción ética contra él y fue expulsado del Colegio.

[…]

¿Y qué hicieron? Asaltaron el lugar donde estaba el aparato de "interferidad". Y al trabajador que estaba allí, que no está claro si era un trabajador o un tipo que dormía allí, le pusieron una cinta adhesiva y lo mataron. Le taparon la nariz. Le taparon la nariz y la boca. Un pobre hombre de apellido Enríquez.

¿Cuánto tiempo duraba la programación del Canal 9 cada día?

En eso estaba pensando. Porque la televisión empezaba en la mañana *[Reflexiona unos segundos]*. Tendría que averiguar eso. ¿Una estimación? El mediodía. A la una o dos de la tarde. En esos años, no sé por qué razón, la hora de almuerzo era las dos de la tarde. Entonces, a las dos de la tarde, se transmitían los programas de informaciones más importantes de radio. Y algunos a la una y media. Así que las noticias de televisión deben haber comenzado a las dos de la tarde. Pero era muy importante la televisión, y sobre todo el Canal 9, por la cantidad de cosas que se decían. No en los noticiarios formales sino en la gente que iba, que denunciaba. Yo me acuerdo de que una vez, no sé por qué razón de mantenimiento, de hacerle mantenimiento, usé el auto de Miguel Enríquez, que era un Austin Mini Cooper, uno chiquito pero muy rápido. Y tenía una radio rara que era el audio de la televisión. Fíjate que eso era una tecnología sofisticada para la época, haber pensado en eso... Nunca lo había visto eso yo.

Tengo la impresión de que la línea editorial del Canal estaba centrada sobre la política, pero de manera difusa o diversa...

Claro, más o menos eso. Se suponía que toda la gente que colaboraba allí estaba con la política del Canal, que era una política de rebeldía hacia las autoridades universitarias y de apoyo al gobierno de Allende. Ahora, adentro de eso, había matices, había gente del MIR, gente socialista, gente comunista, gente independiente, bastante. La otra vez yo fui a ese Canal, que es de Piñera ahora. Y llevé por la noche a una entrevista al cierre a una periodista italiana amiga mía que yo la traje a Chile, Giuliana Sgrena, la que estuvo secuestrada en Irak. Y cuando la acompañé al maquillaje, me acordé de cómo era el maquillaje en esos años. Y ahora yo conocí a la maquilladora de aquellos años, y me dijo: "Soy yo misma". Era ella misma. Claro, después de cuarenta años, no sé, de treinta y tantos años. Anoche, por cierto[70], me encontré en ese acto con una muchacha que trabajó allí, y me dijo que se reúnen como cincuenta personas del Canal, a cenar una vez al año. Quedó de avisarme, yo no sabía de eso.

[70] La entrevista tiene lugar el 29 de marzo del 2009.

¿Cuántas personas trabajaban en el Canal 9 en aquel entonces? Más o menos...

Más o menos unas cien personas. Entre gente que hace el aseo, productores, maquilladores, camarógrafos, auxiliares... Solamente en prensa, había más de veinte personas, entre periodistas, camarógrafos, asistentes, jefes, productores... En ese tiempo, los productores además no producían nada. Ahora el productor hace la gestión que antes hacía un periodista, que consigue la entrevista. En ese tiempo, el productor iba al estudio con los materiales. Se utilizaban muchas cosas físicas. Mucha propaganda, publicidad eran cartones. No eran filmes. Los créditos, o sea llevar las películas que se iban a usar, los libretos... Todo se cuadraba, para que todo saliera razonablemente sincronizado. Y ese era el trabajo de los productores. Ahora, en el Canal 13 también había un sindicato de izquierda, y por ejemplo yo recuerdo que en el Canal 13 la gente, los trabajadores, por ejemplo, estaban en contra de que se transmitiera la serie *Misión imposible*, porque consideraban que era propaganda. ¡Y lo era! Pero en el Canal 9 no se transmitía ese tipo de entretenimiento, ni tampoco había plata para comprarlo.

[...]

Pero si la Universidad tenía el apoyo, el Canal de la Universidad tenía el apoyo de la cinemateca universitaria que tenía el archivo de películas. Y, de una forma, el apoyo de *Chilefilms*, la empresa de cine que era del Estado. Que además tenía su noticiario para los cines. O sea, claro que había material para transmitir. Esa parte la desconozco pero me imagino que había contratos. Eso tenía que ser en 35 mm. Entonces, el telecine era de 16 mm, tienen que haber hecho un traspaso, no sé... Yo me acuerdo que el Canal 13, donde yo trabajé, tenía una sola máquina de telecine. Y el Canal debe haber tenido media máquina porque era más pobre.

[...]

¿Cómo se manejaban las relaciones del Canal 9 con los organismos de comunicación del gobierno, con la Oficina de Información y Radiodifusión (OIR) por ejemplo?

Había relaciones muy estrechas. Por ejemplo, Carlos Jorquera tenía un programa de televisión ahí... Carlos Jorquera era uno de los consejeros de Allende, amigo y, además, trabajaba en La Moneda cerca de él. Ahora, la OIR propiamente en difusión y propaganda no servía para nada. Su camarógrafo era malo, su material... ¡Eso nunca cambió! Lo que ellos hacían era más bien el control monitoreo de los medios y vigilancia, sobre todo la cuestión de la cadena que era muy resistido.

[...]

¿La OIR solo fue un servicio de control y vigilancia, nada más?

Yo creo que fue creada por Ibáñez o por Frei. Existía como una oficina, por una parte de propaganda de las actividades del Gobierno, del presidente... Filmando, emitiendo boletines de información oficiales, informándoles a los diarios de las actividades de pauta, de agenda. "Va a ocurrir tal cosa". En realidad en La Moneda siempre hubo una sala de prensa, y lo principal de la OIR era el monitoreo de las cadenas. Que en Chile se acostumbraba mucho a eso, de las cadenas... ¿Sabes qué es una cadena?

Sí. Pero monitoreo, ¿qué significa?

Controlar que las radios participen de las cadenas. Yo me acuerdo que de niño escuchaba que hablaba González Videla.

[...]

Eso era por cadena nacional de radioemisora. Y las radioemisoras que no se plegaran a la red y que siguieran transmitiendo por su cuenta eran sancionadas. Y con Allende, se daba mucho eso. Como ocurre hoy con Chávez en Venezuela. Pero Allende nunca abusó tanto de las cadenas como Chávez. Entonces, a la OIR, uno le prestaba mayor atención. Tenía un prejuicio. Porque era como oficina de propaganda.

Me imagino que en aquel entonces, también, había corresponsales en La Moneda.

Bueno, los que trabajaban en la OIR. Y los que trabajaban en cada ministerio. En el ministerio del Interior, hay un montón de periodistas. En aquellos tiempos, por lo menos había dos o tres. Ahí funciona la Secretaría General de Gobierno, que también tiene un montón de periodistas.

[...]

Voy a cambiar de tema. Quisiera que me cuente más sobre el papel y la función del Colegio de Periodistas durante la Unidad Popular.

En el tiempo de la Unidad Popular, el Colegio de Periodistas era controlado por la Democracia Cristiana; su presidente se llamaba Carlos Sepúlveda Vergara, democratacristiano. Pinochet lo nombró director de *La Nación*.

[...]

El Colegio de Periodistas tenía una presencia de gente de izquierdas, en particular comunistas y socialistas, más comunistas que socialistas, pero el control lo tenía la Democracia Cristiana.

[...]

¿Trató el Colegio de defender la libertad de prensa?

Durante la época de la Unidad Popular en Chile había una irrestricta no libertad de prensa, sino de libertinaje de prensa. Tú puedes revisar los diarios de la época de oposición a Allende, usaban un lenguaje insolente, agresivo, irrespetuoso... Lo llamaban (a Allende) con epítetos.

[...]

No hubo ninguna medida odiosa de Allende contra los medios de comunicación, quizás excepto las cadenas de radiodifusión que era además una tradición en nuestro país desde gobiernos anteriores. Yo desde niño recuerdo que, a cada rato, había cadenas de radioemisoras. Y siempre eran en coyunturas políticas, estado de sitio, conflictos de lucha de clase y de lucha política. Y en eso Allende siguió la tradición de convocar a cierta... El Colegio de Periodistas, en realidad, se convirtió bajo Carlos Sepúlveda Vergara en un vergonzoso bastión del fascismo que enlodó el espíritu del Colegio y el prestigio de los mismos periodistas afiliados al Colegio. Entonces fuimos enemigos del Colegio durante esa época, por supuesto. El Colegio vino a rehabilitarse en la lucha contra la dictadura, en que aparecieron otros dirigentes, gente incluso democratacristiana que le dieron otro carácter. Gente como Ignacio González, que es un periodista democratacristiano que estuvo en *La Nación*; Jaime Moreno Laval... Bueno, se dignificó el Colegio en la década de los 80. Volvió a ser una organización plural, respetable y que luchó mucho por la libertad de expresión bajo la dictadura de Pinochet.

Durante la Unidad Popular, cómo se manifestaba…

Mira en esa época, por ejemplo, *El Mercurio*, que Allende no le tocó un pelo. Estaba desesperado porque Allende lo clausurara, y *El Mercurio* incluso se auto-clausuró, dejó de salir dos días. Y Allende tampoco le tocó un pelo a La Papelera. Hay que tener presente que *El Mercurio* sobrevive en Chile porque en los hechos es prácticamente protegido por la Compañía Manufacturera de Papeles y Cartones del Grupo Matte, que históricamente ha sido dueño de esa empresa, desde su fundación. Ellos son proveedores de *El Mercurio*. O sea, todo el papel que gasta *El Mercurio* con sus veintitrés diarios, con todas las revistas que saca, es producido por La Papelera. Entonces, inventaron un movimiento que se llamaba "La Papelera No" y que Allende la iba a nacionalizar, y jamás estuvo en los planes de Allende meterse con La Papelera, que era el monopolio del papel en esa época, no había otra… y sigue siéndolo. Sigue siéndolo. O sea, hay otras empresas distribuidoras, importadoras, pero que produzcan papel es solo La Papelera. Hay otras industrias de celulosa de grandes ricos como el Grupo Angelini. Pero ellos producen celulosa, llegan hasta la celulosa y la exportan. Pero que se produzca papel en Chile entiendo que es negocio exclusivo de La Papelera. O sea, todo el papel, el papel toilette, el papel de diario. *[…]*

¿Y había otros organismos colectivos, comunitarios o de profesionales de periodistas en aquel entonces?

Ah, sí, la Asamblea de los Medios[71]. Lo que me falta añadir respecto al Colegio de Periodistas y a su rol durante la Unidad Popular, es que se plegó al movimiento que integraron todos los colegios profesionales, liderados, creo yo, por el Colegio Médico. Que en todos los otros países, esas organizaciones de la clase media son profundamente reaccionarias y son ganadas fácilmente por el fascismo.

[…]

Bueno, en esos años, el liderazgo lo tenía el Colegio Médico, lo seguía el Colegio de Abogados, el Colegio de Ingenieros. El Colegio

[71] Para una transcripción de los discursos de Salvador Allende y Manuel Cabieses, como una síntesis de la presentación del informe sobre *El Mercurio*, ver "La Asamblea de los periodistas de izquierda", *Punto Final*, "Documentos", Suplemento de edición, N°129, martes 27 de abril de 1971.

de Periodistas iba a la cola de esto con Carlos Sepúlveda Vergara, su presidente. No tenía un rol relevante, pero participaba porque el liderazgo lo tenían otros. A nivel de periodistas, la única organización que existía, que recuerde yo, era el Sindicato de Periodistas de Radio, que era un sindicato de periodistas de radio. O sea, no de trabajadores de radio, que lo dirigió Gladys Díaz.

Y lo que hizo la dictadura después con todos los colegios profesionales, incluido el Colegio Médico, fue quitarles su carácter de corporación de derecho público de su profesión y los convirtió en simples asociaciones gremiales. Eso significa que perdieran, por ejemplo, el control, la tuición de la ética sobre sus asociados, que fue restituida en una reforma constitucional, hace apenas unos tres o cuatro años.

[...]

En el caso de los no afiliados, no existe todavía una ley que regule esa reforma constitucional y establezca tribunales especiales de ética. En este momento, el Gobierno está enviando un proyecto al Congreso para que se aprueben esos tribunales, pero sin financiamiento de Hacienda. Entonces eso significa que los colegios profesionales van a tener un tribunal reconocido por la ley para procesar en sumarios éticos a sus afiliados y no afiliados, pero con cargo a su propio presupuesto. Que en el caso del Colegio de Periodistas es terrible, porque no tiene financiamiento. También le quitaron el financiamiento al Colegio de Periodistas que tenía una carrera de caballos, creo que tenía una participación que le daba la Polla. Los juegos de azar que son del Estado, que es el Loto y una Lotería de la Polla que se llama Polla.

[...]

Pero teóricamente alguien puede ejercer la medicina sin pertenecer al Colegio Médico, o ejercer la abogacía sin pertenecer al Colegio de Abogados y, por supuesto, ejercer el periodismo sin pertenecer al Colegio. Eso antes cuando era una corporación de derecho público, el colegio respectivo podía perseguir el ejercicio de la profesión de las personas no afiliadas, aunque tuvieran el título universitario.

De acuerdo. Y la Asamblea de los Medios, ¿cuál fue su...?

Era una asamblea política, principalmente de análisis de la coyuntura y del rol que le cabía a los medios de comunicación en el proceso de reformas que vivía Chile. Y el deseo de los periodistas era un mayor control o regulación sobre el funcionamiento de la propiedad de los medios. O sea, expandir la presencia de los medios progresistas. Por lo menos hacerla igualitaria con los otros medios. Había diferentes posiciones, posiciones extremas, posiciones moderadas, posiciones más conservadoras. Pero, en resumen, era un reconocimiento al desmedro en que se encontraban las ideas progresistas frente a la propiedad de los medios de comunicación. Y sobre todo las sostenidas campañas de *El Mercurio* y su cadena, y otras cadenas que existían en la época, de diarios sobre todo del sur de Chile como la cadena Sopesur. Una cantidad de medios que han ido siendo absorbidos todos por *El Mercurio.* Incluso en aquellos años la derecha estaba diversificada en la propiedad de medios, hoy día todo es de Agustín Edwards y Álvaro Saieh. Cuando digo medios me refiero a diarios, a la prensa escrita.

¿Quiénes fueron los líderes de esta asamblea?

Yo recuerdo que a esa asamblea iba mucha gente interesada en el tema que no era periodista, iban sociólogos, sociólogas, gente... de vez cuando se asomaba Mattelart, gente académica, no solo Mattelart, sino que otros que trabajaban con él. Y el liderazgo así era compartido. Recuerdo que participaba mucho un socialista que era de la *Radio Corporación*, bueno porque era la sede donde se hacía esto... Manuel Mercado, o algo así, de apellido Mercado. Para el MIR participaba mucho José Carrasco, que era un líder de los periodistas, incipiente, por ese tiempo. Y sobre todo la figura mayor de Manuel Cabieses participaba en esa asamblea, participaba Hernán Uribe, que vive aquí y que en ese tiempo era director de *Las Noticias de Última Hora*. En realidad, participaban los cuadros de la izquierda que a la vez tenían una trayectoria en el Colegio.

En cierta medida fue un espacio...

Y la verdad es que la mayor asistencia de esa asamblea era gente socialista y del MIR y simpatizantes... y también comunistas. Además, existía la empresa Quimantú, que tenía una cantidad enorme de revistas; que en esas revistas trabajaba gente del periodismo de todos los colores políticos.

Y había revistas para todos los gustos: revistas de temas históricos, de farándula, de mujeres, de la juventud, serias, de actualidad.

De acuerdo. Dicho de otro modo, la asamblea fue un espacio de debate.

De debate, de reflexión, de difusión. No fue una instancia que llegara a institucionalizarse.

¿Y hubo resultados concretos de estas conversaciones?

Bueno, eran los análisis de la coyuntura. Por ejemplo, ahí se exponía la situación del Canal 9, que siempre estuvo tomado, durante todo ese período. Recuerdo que nosotros exponíamos continuamente ahí la situación del Canal y ahí obteníamos apoyo, e incluso de ahí salía gente que participaba en las huelgas que se hacían en el Canal.

[...]

Y en general, en ese tiempo, los sindicatos de los medios de comunicación... Recuerdo que el sindicato de *El Mercurio*, entre otros, estaba dirigido, controlado por gente de izquierda, gente comunista. El presidente del sindicato de *El Mercurio* era Sergio Gutiérrez Patri, comunista en ese tiempo. Gladys Díaz era presidenta del sindicato de radio.

[...]

¿Y cuál fue su papel en estos sindicatos?

Esos sindicatos participaban en la asamblea esta de los medios, sus figuras. Y había algunos objetivos particulares, por ejemplo se planteaba la democratización de *El Mercurio*.

[...]

En ese tiempo, el sindicato de Canal 13 de la Universidad Católica también era dirigido por la izquierda, y su presidente se llamaba Manuel Muñoz y era elegido y reelegido sucesivamente. Y el Canal 9 ni hablar, porque ese era un canal ya comprometido, la Televisión Nacional también tenía un... Claro es que además, cuando gobierna la izquierda, aparece gente de izquierda por todos lados. Del mismo modo, cuando llegó la dictadura, apareció gente de derecha por todos lados.

[...]

El presidente del Canal 13 era del MIR, Manuel Muñoz. Yo trabajaba en el Canal 13 cuando fue elegido. Y nos eligieron por lo que decíamos. Ganamos esa elección. Yo digo "ganamos" porque yo trabajaba ahí, participé. Porque teníamos un discurso coherente, y también el Canal, el sindicato, los trabajadores de Canal 13 tenían su propia visión de cómo debía ser el medio. Esa era la cuestión de fondo que se debatía en la Asamblea de los Medios de Comunicación. En el caso del Canal 13, se presionaba al rector de la Universidad Católica, que en ese tiempo era un hombre progresista, para democratizar también la programación del Canal, y darles espacio a los trabajadores y a otros puntos de vista. Y sacar de la programación de materiales de propaganda del imperio como era, por ejemplo, la serie "Misión imposible", que estábamos en contra de su difusión.

[...]

Última pregunta. A nivel mediático, ¿cómo usted definiría y caracterizaría el período de la Unidad Popular?

Gran libertad de prensa, libertinaje de prensa y una gran proliferación de medios informativos en prensa escrita. Hubo cierta diversidad y diversificación de la propiedad de la radio.

[...]

La izquierda tuvo grandes avances en la presencia en los medios de comunicación, ya sea por la propiedad o por la composición de sus sindicatos. Nunca llegó a un balance miti-mota, fifty-fifty, pero..., fue una época de gran explosión de la democratización de los medios, pero quedó inconclusa.

Epílogo
¿Otra política de la profesión periodística?

Difícil es concluir brevemente después de sumergirse a la vez en una época y un cotidiano; después de ver las prácticas, escuchar las conversaciones, imaginarse las urgencias del momento, ilustrar las anécdotas. Dicho de otro modo, después de sondear las singularidades y normalidades en las prácticas y las identidades que condicionan el ejercicio del periodismo. Sin duda, estos testimonios fabrican claramente *otra* memoria del periodismo profesional durante la Unidad Popular.

Sobre la base de estas entrevistas, la pregunta se convierte entonces en saber si existe, en los medios de comunicación, una dimensión política bajo el enfrentamiento entre las visiones del mundo al que se entregaron las líneas editoriales entre 1970-1973. Incluso en la temporalidad urgente de esta época de crisis, las validaciones políticas del relato periodístico siguen pautas, marcos formales y técnicas de reportaje o escritura que construyen los artefactos de la actualidad de manera rutinaria. En consecuencia, en la base de los procesos de producción cotidiana de la información, la práctica periodística no es el mero resultado de otras realidades más determinantes. Al contrario, las estructuras del mercado mediático, las relaciones laborales y gremiales, los recursos tecnológicos o la legitimidad social de la profesión, permiten asociar las mediaciones periodísticas con su eficiencia política.

La memoria de los periodistas profesionales chilenos da los indicios de un *ethos* periodístico ampliamente, aunque no totalmente, autonomizado del campo político, y que resiste al movimiento centrífugo del enfrentamiento político, debido al movimiento centrípeto de su institucionalización. La pregunta en esos testimonios sobre la profesión durante la UP cuestiona la manera de ser periodista, es decir, la identidad del periodismo y sus significaciones; la modalidad con la que los periodistas se acomodaban a la profesión en construcción y a su historia, en un juego permanente entre instituyente e instituido que legitima las prácticas y las identidades. No se trata de un proceso cerrado o acabado, sino de una construcción social en curso, que deja la posibilidad a transformaciones y novedades. Como evidencia se revelan en los testimonios continuidades prácticas, comportamentales, organizativas y corporativas, y aparecen discontinuidades y contra-prácticas que no solo tienen que ver con una dimensión abiertamente partidaria, sino que con ajustes y desviaciones en la organización de las fuentes, en las páginas de cables en el uso de la pauta o de la pirámide invertida. Durante la crisis política de la UP, la institucionalización del periodismo impidió entonces a los periodistas percibir la onda de choque de los cambios en el trabajo cotidiano bajo la presión de los eventos, y de tener el sentimiento de seguir su labor según los mismos principios y valores.

Al matizar el juicio histórico hacia el periodismo chileno, se engendran desplazamientos en la manera de pensar su dimensión política. Por cierto, los testimonios reproducen en parte una memoria orientada hacia la ideologización del sistema mediático. Precisamente, inician su relato desde los clivajes políticos y la propiedad de los medios para testimoniar sobre el oficio en la época y su consecuencia sobre el uso del lenguaje (la "pelea de los términos" de Hernán Miranda), lo que muestra la pregnancia de ese imaginario. A la vez, las entrevistas enriquecen este enfoque ideológico, de elementos que no están suficientemente destacados cuando se trata de estudiar el periodismo durante la Unidad Popular. Me refiero a tareas como la alteración de los cables[72] o a lógicas organizativas que atribuyen las cuotas y la repartición táctica de los puestos de responsabilidad en ciertos medios, como por

[72] Sobre la temática de la mediación periodística de las Relaciones Internacionales durante la Unidad Popular, un valioso artículo fue publicado recientemente. Ver Francisco Javier Alvear y Jairo Lugo-Ocando, "When Geopolitics becomes Moral Panic. *El Mercurio* and the use of international news as propaganda against Salvador Allende's Chile (1970-1973)", *Media History*, 2016. Disponible en: https://dx.doi.org/10.1080/13688804.2016.1211929

ejemplo Canal 9. También a decisiones individuales cuando se trata de aceptar la oferta de trabajo de un diario; a la posibilidad de publicar ciertos libros, ciertas notas o de entregar una información distinta de aquella que se considera como oficial (pienso en la dimisión de Leonardo Cáceres del Canal 13 el día de la elección de Allende). O a gestos políticos escondidos y hasta paradójicos, si se mira la época desde la línea editorial monolítica: por ejemplo, el caso en el que se mostró, en Canal 13, las manos tiritando del candidato Alessandri durante la campaña de 1970. Más allá de los contenidos políticos y del compromiso partidario de los medios de comunicación, la dimensión política del periodismo se encuentra también en un subsuelo práctico y cotidiano más oculto.

Esta dimensión política se articula, en los testimonios, al proceso de profesionalización del periodismo. Se vislumbran los mecanismos de socialización, de enseñanza y de vigilancia de lo que se valora como el "buen" periodismo en la época. Por ejemplo, los entrevistados afirman la separación entre opinión e información en todo tipo de medio, más allá del conflicto ideológico. Y relatan un papel político más fino que tiene que ver con la selección y la jerarquización de las noticias en la pauta de los medios de comunicación y el trabajo de agenda (hoy clásico). Muestran cómo esas decisiones se operaban desde criterios objetivizados y auto-conformados, y que a la vez remiten a dar la prioridad a tal problema público sobre otro. En ese trabajo, asientan la posibilidad de que el periodismo haya seguido normas de escritura (las preguntas decisivas y la "pirámide invertida"), y técnicas de reporteo que remiten al periodismo informativo o interpretativo. Y, como ya lo hemos discutido anteriormente[73], estos testimonios sobre las rutinas periodísticas y la división del trabajo que se realiza en las salas de redacción se revelan en las exterioridades sígnicas que organizan física y visualmente los medios de comunicación. Así, se abre la posibilidad de pensar materialidad y sentido en conjunto, es decir, la palabra con la imagen y el discurso.

En esa dinámica, la relación con los públicos (en el sentido genérico de la palabra) muestra una tensión entre el trabajo ideológico (para el pueblo), el trabajo político (con los sectores bajos), el trabajo profesional (en nombre de los ciudadanos) y el servicio (a audiencias fragmentadas,

[73] Faure, op. cit.

tanto política como cultural y socialmente). Estas mismas relaciones están claramente organizadas por un sistema mediático de tamaño reducido, en el que la televisión está atribuida a las universidades por ley (como garantía contra derivas comerciales que ya aparecían desde el Mundial de Fútbol de 1962, a través de la apertura del sector televisivo al anuncio comercial). La tecnología también condiciona el ejercicio del periodismo, debido a los avances (las imprentas *offset*, la máquina para contar votos en Canal 13) como, al contrario, a los escasos recursos (las pocas cámaras disponibles, así como las máquinas reveladoras, los vehículos, o la cantidad de papel accesible) o a la necesidad de adaptarse a las tecnologías (por ejemplo, teclear con diez dedos). Más allá del conflicto político, es toda esta configuración práctica, profesional y estructural que provee y entrega politicidad al periodismo.

El proceso de profesionalización, como freno a la ideologización del periodismo, emerge además a través de prácticas y comportamientos auto-conformados y centrados sobre los pares. Los periodistas documentan las redes internas del campo periodístico, las amistades, las colaboraciones y solidaridades como las rivalidades o las enemistades. Relatan la organización de las salas de redacción en frentes noticiosos (La Moneda, económico, cultural), según las redes de fuentes. Graban el movimiento circular de un campo auto-centrado en el que los periodistas están, antes de todo, vigilando lo que publican sus pares, lo que tiende a homogeneizar la información y a inscribir lógicas de competitividad (por la lógica de "circulación circular de la información" en el campo periodístico)[74]. En ese sentido, el hecho de *ser* periodista remite también a una confiabilidad y una credibilidad identitaria, una veracidad que está en parte asumida por los periodistas desde el proceso de autonomización de su profesión.

Los relatos sobre la historia y el papel de los organismos gremiales mitifican este proceso como etapa de mutación sociopolítica del oficio. Bien lo encarnan los ejemplos de la carta de periodistas, y la capacidad de exclusión o de sanción que gana el Colegio de Periodistas, como lo testimonian ciertos periodistas. La profesión se está regulando poco a poco, por ejemplo a partir del dispositivo institucional de la caja de

[74] Pierre Bourdieu, *Sur la télévision*, Paris, Raisons d'agir, 1996, p. 22.

previsión de los empleados públicos y periodistas. Todos esos aspectos dejan ver la co-construcción del campo periodístico entre el gremio y el Estado social chileno a partir del gobierno de la identidad periodística. Sin embargo, las fronteras siguen porosas e inestables: todavía no se consolidan las actividades de relaciones públicas como tales, y el periodismo incluye actividades de comunicación para organismos (en el sentido amplio, incluyendo instituciones políticas, sindicatos).

En síntesis, si el disciplinamiento del periodismo es el "terreno fértil" de la participación de los medios en el conflicto político de la UP, la historia del periodismo chileno ya no puede construir el mero reflejo de aquella lucha de manera monolítica. Si así fuera, se tomaría el riesgo de naturalizar cuatro aspectos de la actividad mediática, como lo enuncian varias voces ya mencionadas en la presentación del libro: presuponer efectos mediáticos sobre las opiniones políticas; asumir el carácter simbiótico de la prensa como reflejo del conflicto político; afirmar su carácter instrumental debido al control ideológico del que es objeto; cosificar la crisis política en una historia lineal filtrada por el golpe de Estado de 1973 y las preocupaciones del presente. Después de leer estos testimonios, parece más bien que la urgencia política de la época ejerce una presión cotidiana sobre las gramáticas, los formatos, los modos de escritura y sus marcos formales. Los desarreglos que vive la rutina periodística de manera pragmática re-significan la politicidad de los medios de comunicación.

Así, provocar relatos memoriales sobre el cotidiano periodístico y el proceso de fabricación de los medios de comunicación obliga a "desingularizar" el período de la Unidad Popular, a través de un trabajo de reinscripción en una continuidad histórica que va más allá de sus límites temporales, y recordar que el ejercicio del periodismo no puede ser radicalmente nuevo en 1970 ni tampoco interrumpirse o cambiar brutalmente en 1973. Y para sacar adelante ese movimiento analítico, otro elemento decisivo de este proceso de historización, y más aún, del proceso de profesionalización en sí, remite a la fundación de las escuelas universitarias de periodismo, y su manera de entregar formación durante la Unidad Popular. Esto fue voluntariamente borrado de los testimonios en esta ocasión. Los escasos trabajos sobre esta parte de la historia del periodismo, como la ausencia casi total de testimonios (orales y escritos) de parte de los mismos profesores, estudiantes y periodistas, me convenció de reservar esos temas para un próximo libro, exclusivamente enfocado sobre las formaciones universitarias de periodismo durante la Unidad Popular. Así, podremos seguir indagando en una historia a corto plazo y caleidoscópica, que nutre la hipótesis de un sustrato político, una "politicidad" en el subsuelo práctico y cotidiano de la profesión periodística.

Bibliografía

Agamben, Giorgio, *Ce qu'il reste d'Auschwitz*, Paris, Editions Payot & Rivages, 2003.

Alvear, Francisco Javier y Jairo Lugo-Ocando, "When Geopolitics becomes Moral Panic. *El Mercurio* and the use of international news as propaganda against Salvador Allende's Chile (1970-1973)", *Media History*, 2016. Disponible en: https://dx.doi.org/10.1080/13688804.2016.1211929

Baltra, Lidia, *La prensa chilena en la encrucijada. Entre la voz monocorde y la revolución digital*, Santiago de Chile, LOM Ediciones, CYP/CH, 2012.

Bernedo, Patricio y William Porath, "A tres décadas del golpe: ¿Cómo contribuyó la prensa al quiebre de la democracia chilena?", *Cuadernos de información*, Nº16, 2004, pp. 114-124.

Bourdieu, Pierre, *Sur la télévision*, Paris, Raisons d'agir, 1996.

Cárdenas, Juan Pablo, "Periodistas, conflictos sociales y reconciliación", *Comunicación y Medios*, Nº16, 2005, pp. 112-117. Disponible en: http://www.revistas.uchile.cl/index.php/RCM/article/viewFile/11567/11925

Carmona, Ernesto, *El cesante*, Santiago, Arancibia Hnos, 1964.

Carmona, Ernesto (ed.), *Morir es la noticia: los periodistas relatan la historia de sus compañeros asesinados y/o desaparecidos*, Santiago, s/e, 1997.

Chaouad, Robert, "1973-2013. Les résonnances du temps", *Revue internationale et stratégique*, Nº91, vol. 3, IRIS, Paris, 2013.

Delgado, Alejandra, "Sonia, la hermana allendista de Agustín Edwards", *The Clinic*, 17 de junio del 2013.

Dooner, Patricio, *Periodismo y política. La prensa de derecha y de izquierda en Chile (1970-1973)*, Santiago, Editorial Andante, 1989.

Faure, Antoine, "¿Contribuyeron los medios de comunicación al golpe de Estado? Otra historia del periodismo durante la Unidad Popular (1970-1973)", *Izquierdas*, N°35, 2017.

Gaudichaud, Franck, *Chile, 1970–1973. Mil días que estremecieron el mundo*, Santiago de Chile, LOM Ediciones, 2016.

González, Mónica, *La conjura. Los mil y un días del golpe* (edición actualizada), Santiago de Chile, Catalonia, 2012.

Gottraux, Philippe, "Socialisme ou Barbarie. Un itinéraire saisi par l'histoire et la sociologie", en Yves Déloye y Bernard Voutat, *Faire de la science politique*, Paris, Belin, 2002.

Joignant, Alfredo, *Un día distinto. Memorias festivas y batallas conmemorativas en torno al 11 de septiembre en Chile: 1974-2006*, Santiago de Chile, Editorial Universitaria, 2007.

Mellado, Claudia y Marcelo Castillo, "Estructura de la asociatividad profesional en el campo periodístico: el caso de Chile", *Comunicación y Sociedad*, Nueva época, N°17, enero-junio 2012.

Navarro Ceardi, Arturo, "La prensa chilena en término de cólera", 5 de noviembre 2013. Disponible en: http://arturo-navarro.blogspot.fr/2013/11/la-prensa-chilena-en-tiempos-de-colera.html

S/N, "La Asamblea de los periodistas de izquierda", *Punto Final*, "Documentos", suplemento de edición, N°129, martes 27 de abril de 1971.

Tironi, Eugenio y Guillermo Sunkel, "Modernización de las comunicaciones y democratización de la política. Los medios en la transición a la democracia en Chile", *Estudios Públicos*, N°52, primavera de 1993, pp. 215-246.

Profesionales de la veracidad.
Otra memoria del periodismo durante la Unidad Popular
(1970-1973)
se terminó de imprimir en septiembre de 2017
en Salesianos Impresores S.A.
En la portada se utilizó papel couché brillante de 350 grs.
y para el interior papel bond ahuesado de 80 grs.
Se utilizó la familia tipográfica Garamond Pro en sus
variantes regular, versalitas, italic y bold.
Santiago de Chile, 2017.

Made in the USA
Monee, IL
11 November 2026

68341146R00088